유적으로 보는

우리역사 ①

고조선

유적으로 보는

우리역사 ①

고조선

고조선
유적 지도

시라무룬강
西拉木倫河

라오하강
老哈河

통랴
通送

인허강
陰河

샤자뎬
상층·하층문화

싼쭤뎬 유적

청쯔산
城子山 ▲

아오한기
敖漢旗

훙산문화

츠펑
赤峰

(장당경)

베이퍄오
北票

차오양
朝陽

이우뤼산
醫巫閭山 ▲

뉴허량
牛河梁

젠핑
建平

다링강
大凌河

훙산문화
둥산쮜이
東山嘴

카쭤
喀左

젠창
建昌

험독
險瀆

타

진시
錦西

잉커
營□

(기자국)

(백악산 아사달)

산하이관
山海關

옌산산
燕山 ▲

낙랑정
제스산 ▲
碣石山

친황다오
秦皇島

탕산
唐山

창리
昌黎

보하이만
渤海灣

강상무덤·누상무덤 유적
大連

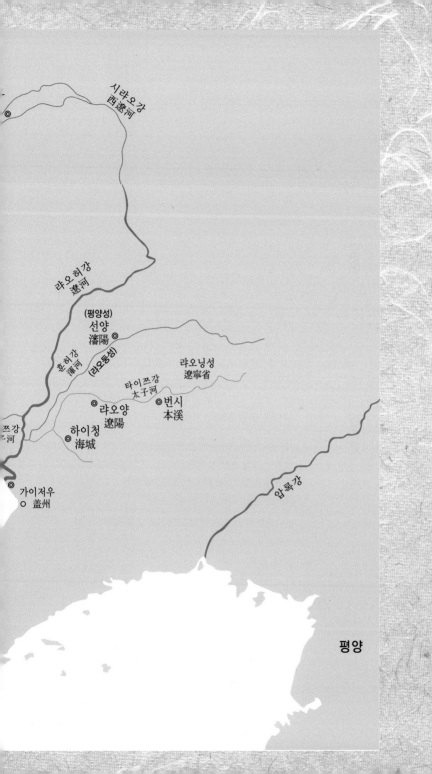

제 1 부

고조선 유적 답사

고조선은 고고학, 인류학은 물론 건축, 물리, 화학 등 과학 전반에 이르는 수많은 학자의 연구 과제가 된 매력적인 주제다. 나라의 존재 여부는 물론 건국 연대, 도읍지 위치, 사회, 정치 등, 어느 것 하나 섣불리 넘길 수 없는 우리의 근원에 대한 문제이기 때문이다. 그럼에도 아직까지 단군조선의 중심지가 어디인지조차 확실하게 정해지지 않았다는 데 당혹감을 느끼겠지만 이는 어쩔 수 없는 사실이다.

단군조선의 중심지가 랴오닝(요녕遼寧) 지역인지 대동강(평양)인지를 차치하고라도 고조선 논쟁은 한국만의 문제가 아니라 국제적인 문제다. 그것은 단군조선의 선대인 홍산紅山문화 지역(큰 틀에서 한반도 북부도 포함한다)의 대부분이 현재 중국 영토인 데다가 일제강점기를 통해 고조선의 역사가 훼손되었기 때문이다.

　　단군조선이라고 하더라도 그 상세가 거의 없다는 것이 문제라 할 수 있다. 홍산문화, 샤자뎬(하가점夏家店) 하층문화와 상층문화, 빗살무늬토기, 고인돌과 비파형동검 등이 고조선 건국 문제를 말끔하게 해결해주었지만 그 이후 고조선에 대한 스토리텔링은 거의 불모지나 마찬가지다.

　　그러므로 고조선이 역사적인 사실이라 할지라도 4,300년 전부터 고조선이 멸망할 때까지 거의 2,000여 년 동안의 유적지를 답사하는 일이 간단한 일은 아니다. 유적 답사의 기본은 유적이 있는 현장을 직접 방문해 당대의 삶을 살펴보고, 그곳에서 우리와의 연계를 피부로 느낄 수 있는 지점을 찾는 것이다.

　　제일 먼저 찾을 곳은 고조선의 수도 또는 중심지다. 『삼국유사』에서는, 단군이 처음 아사달(평양)에 수도를 정한 후, 백악산 아사달阿斯達, 장당경藏唐京을 거쳐 다시 아사달로 옮겨가 산신령이 되었다고 기록하고 있다. 그런데 이들 지역이 어디인지 확정되지 않았으므로 답사 일정을 짜는 데 어려움이 있다. 그래서 이곳에서는 여러 자료에서 일반적으로 인정하는 장소를 가능한 한 충실하게 적는다.

　　『삼국유사』가 전하는 첫 번째 수도인 아사달이 어디인지는 여전히 모호하다. 고조선의 첫 수도로 오늘날 중국 랴오허강(요하遼河) 연안에 있는 선양(심양瀋陽) 인근으로 설명하기도 하는데 통일된 합의를 이끌어내지 못한 상태다.

두 번째 수도인 백악산 아사달은 롼허강(난하滦河) 하류 동부 연안에 있는 제스산(갈석산碣石山) 인근의 창리(창려昌黎) 지역이라 여겨진다. 고조선의 수도가 롼허강까지 내려왔다는 것은 고조선이 상당히 강력해지고 팽창했음을 의미한다.

세 번째 수도 장당경에는 다양한 설이 있다. 오늘날 다링강(대릉하大凌河) 중류에 있었다고 추정하기도 하며, 다링강의 동부 연안에 있는 베이전시(북진시北鎭市)의 이우뤼산(의무려산醫巫閭山)이 그곳이라는 설도 있다. 아사달은 고조선의 중심지를 비정比定할 때 항상 거론된다.

마지막 네 번째 수도는 장당경에서 첫 번째 수도인 아사달로 다시 되돌아간다고 되어 있는데, 이곳이 현재의 북한의 수도인 평양이라고 북한은 주장한다. 이에 따르면 당초 단군이 평양에 도읍지를 정했고 고조선의 힘이 강력해지자 다링강까지 영토가 확장되었지만, 고조선의 흥망에 따라 다시 평양으로 돌아갔다는 것이다.

문제는 이들 수도로 설명되는 곳이라 할지라도 진정한 고조선의 수도였느냐 하는 것은 물론, 비정되는 장소가 명확하지 않다는 점이다(북한의 대동강 유역 제외). 더불어 비정된 장소일지라도 고조선의 수도였다는 정확한 자료나 확정적인 유물이 발견된 것도 아니다. 코끼리 다리를 잡고 코끼리를 평가하는 것과 다름없다는 지적이 결코 과장이 아니다.

이는 고조선의 실체를 직접 체험하는 것이 생각보다 매우 어렵다는 것을 뜻하지만, 고조선의 혼이 깃든 곳을 찾아가는 것 자체가 불가능하지는 않다. 고조선 답사 루트는 두 갈래로 나눠보는 게 효율적이다. 첫 번째 갈래는 단군조선의 탄생과 연대가 유사한 샤자뎬 하층문화를 찾아보는 것이다. 많은 학자가 샤자뎬 하층문화에 고조선이 존재했음이 분명하다고 이야기하지만, 고조선의 중심지가 어디인지 확정적으로 단정된 곳은 없다는 게 이곳을 답사할 때의 난점이다. 더불어 샤자뎬 하층문화 유적은 네이멍구(내몽골內蒙古) 아오한기(오한기敖漢旗) 지역에만도 2,300여 곳 이상이므로 이를 일일이 찾아다니는 것도 간단한 일은 아니다. 그러므로 이 책에서는 학자들이 샤자뎬 하층문화에서 고조선이 성립되었다고 비정하는 중점적인 유적을 찾아본다. 이 일정에는 샤자뎬 상층문화에서 내려간 은나라의 유적지 인쉬(은허殷墟)도 포함된다.

두 번째 갈래는 고조선 후대 중 비교적 사료가 남아 있는 지역을 답사하는 것이다. 고조선 후대로 가면 기자조선, 위만조선이 핵심으로 등장하는데, 기자조선과 위만조선의 터전은 비교적 상세하게 알려져 있다. 여기에는 고인돌, 순장 무덤, 무씨사당武氏祠堂 등 고조선을 대표하는 유적지가 포함된다.

단군조선의 건국이 역사적 사실로 밝혀진 마당에, 우리의 난제를 찾아가는 대장정의 길을 마다할 사람은 없을 테지만 이 책에서 혹시 미흡하게 설명하는 부분이 있다고 해도 양해를 부탁드린다. 이 책의 의의는 유적 답사를 바탕으로 고조선 답사 길잡이를 국내 최초로 시도한다는 데 있을 것이다. 앞으로 많은 연구에 의해 고조선 유적 답사가 계속 보완·수정될 것이라는 데 위안을 받는다. ❋

제
1
장

샤자뎬 하층문화와 상층문화

샤자덴 유적: 청동기 유물의 보고

샤자덴 하층문화와 상층문화 유적은 고조선 유적 답사에서 반드시 체크해야 할 곳이다. 이 유적은 워낙 방대한 지역에 걸쳐 분포하므로 중요 지역만 아울러도 상당한 시간이 걸린다. 샤자덴 문화 유적이 분포하는 지역은 옌산산(연산燕山) 산지로 북으로는 시라무룬강(서납목륜하西拉木倫河)에 이르고 동쪽으로는 이우뤼산 기슭, 서쪽으로는 허베이성(하북성河北省) 장자커우(장가구張家口) 지구에 이른다.

이 문화에 속하는 주요 유적지로는 네이멍구 츠펑(적봉赤峰)

샤자뎬문화의 북쪽 경계를 흐르는 시라무룬강의 모습.

샤자뎬 유적은 북으로 시라무룬강, 동으로 이우뤼산 기슭, 서로 허베이성 장자커우 지구 등지에서 발견된다.

지구의 샤자뎬·야오왕먀오(약왕묘藥王廟)·신뎬(신점新店)·샹루산(향로산香爐山)·난산건(남산근南山根)·다뎬쯔(대전자大甸子), 랴오닝 차오양(조양朝陽) 지구의 펑샤(풍하豊下)·수이취안(수천水泉) 등이 있다. 샤자뎬 하층문화는 왕묘王廟 유형에 속하며 츠펑 지구와 퉁랴오시(통요시通遼市) 남부가 그 중심 지역인데 현재 3,000여 곳이 발견되었다. 아오한기(오한기敖漢旗) 지역에서 발견되는 샤자뎬 하층문화 유지는 2,300여 곳이나 된다.

샤자뎬문화에서 제일 먼저 방문할 곳으로 추천되는 곳은 샤자뎬으로 츠펑에서 아오한기로 들어가는 길목에 있는데 정확한 마을 명칭은 아오한기 싸리바향(살력파향薩力巴鄕)이다. 산 정상이 평편해 고위평탄면으로 불리는 산등성을 끼고 감싸는 형태의 중앙 분지에 있다. 구릉은 미세 사질砂質 토양으로 선사인先史人들이 거주하기에 적격이다. 샤자뎬의 안내판에는 다음과 같이 적혀 있다.

"샤자뎬 유지군遺址群은 츠펑시 중점문물보호단위다. 동쪽의 샤자뎬촌 유지부터 서쪽은 량자잉쯔촌(양가영자촌梁家營子村) 유지군, 남쪽은 잉진강(영금하英金河) 관구灌區(수로)에 이르고 북쪽은 펑딩산(평정산平頂山) 산정 경작지의 남쪽 변경까지다. 이 범위 내에서는 건축과 취로就勞, 채석을 금하며 폭파 등의 위험 행위로

샤자덴 상층 · 하층 유적지의 전경.

안전을 위협해 유지의 원형을 해치는 것을 금한다."

현재는 샤자덴 상층문화가 표토表土로 노출되어 있으며 주민의 무덤이 간간히 보인다. 중국은 단봉 무덤을 기본적으로 금지한다고 알려지는데, 비록 소규모 분봉이지만 동이족의 전통인 적석총으로 유추되는 돌이 무덤 꼭대기에 반드시 올라가 있고 돌로 만든 조그마한 통기구를 설치했다. 신神과 사자死者의 교통交通을 위한 것이다. 샤자덴 유지는 방대하지만 30분 정도만 공을 들이면 빗살무늬토기, 삼족토기의 다리, 타제打製석기 등을 쉽게 볼 수 있다. ✿

청쯔산 산성: 고대의 소도

청쯔산(성자산城子山) 산성은 싸리바향과 마니한향瑪尼罕鄕 북쪽으로, 하라거우촌(합라구촌哈拉溝村)에서 4킬로미터 정도 떨어진 청쓰산에 있다. 표지석이 있는 곳에서 15분 정도 걸어 올라가야 하는데 정상을 향하는 동안 초원 사막지대를 볼 수 있다. 유적의 보존 상태는 양호하며, 청쓰산 주봉主峰 정상부의 평면은 '아亞' 자형으로 불규칙한데, 그 넓이는 남북으로 440미터, 동서로 340미터다. 내성과 외성으로 나뉜 이중 성벽은 주로 맥반석麥飯石으로 축조되었고, 기초 폭은 약 15미터, 현재 남아 있는 높이는 약 2미

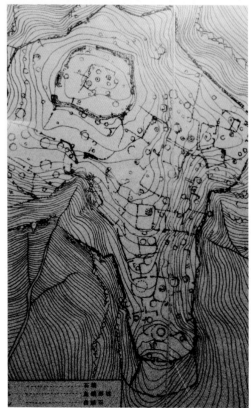

청쯔산 산성 전경을 보여주는 모형(위).
청쯔산 산성의 등고선 지도(아래).

터다. 외성과 내성 각각에 5개의 문이 설치되어 있다. 청쓰산 산성을 우리가 특별히 주목해야 하는 것은 외성 주위에서 한민족의 흔적이라고 볼 수 있는 반원형 마면식馬面式 치雉가 발견되기 때문이다. 할석割石을 한 면만 다듬어 삼각형으로 쌓고, 다음 것은 역삼각형으로 쌓은 성벽의 축조 방식은 고구려의 그것과 매우 유사하다.

　동쪽 성벽 바깥에는 대형 제단 3개가 있는데 이들 제단 위는 매끄럽게 연마되어 있고 별자리로 추정되는 성혈性穴이 발견되는 등 고급 문명의 흔적이 역력하다.

　하늘신과 조상신에 제사를 지내는 용도로 돌로 쌓아 만든

청쓰산 산성 동쪽 성벽 바깥에 있는 3개의 대형 제단.
매끄럽게 연마된 제단 표면에 동그랗게 파인 성혈이 다수 발견된다.

원형 제단 터에서 발견되는 선돌은, 이곳이 천신에게 제사를 지내던 성지였음을 말
해준다.

제단 터와 사람들이 머무르거나 공무를 보았을 대형 건물 터도
발견되는데, 원형 제단 터에서는 원시 솟대의 원형으로 추정되
는 선돌立石이 발견되어, 이곳이 원시 소도蘇塗였을 가능성이 제기
되고 있다.

　　선돌은 고고학사에서 매우 중요하게 취급된다. 선돌을 세
우는 목적은 근본적으로 가시적인 영구화永久化로, 일시적 사건
을 영구적으로 기리는 것이 목표다. 그러므로 종교적·제의적

인 의미를 지닌 선돌이 세워진 곳은 특별한 장소로 인식한다.[1] 선돌의 크기와 형태는 매우 다양하다. 연마하지 않은 자연석은 물론 인간의 힘이 다소 가해진 것도 있으며, 특이한 경우 문자나 그림이 새겨져 있기도 하다.

아쉬운 것은 2007년 7월 현장을 방문했을 때 멀쩡하던 선돌이, 2008년 2월에 찾았을 때는 상단부가 잘려져 있었다는 점이다. 누군가가 선돌의 중요성을 간과하고 훼손한 것인지 혹은 고의적으로 훼손한 것인지는 알려지지 않았다. 중국은 청쓰산 산성을 20세기 말 가장 중요한 고고학적 발견 중에 하나로 평가해, 전국중점문화보호단위로 지정 관리하고 있다. 청쓰산 산성으로 올라가는 입구에 있는 표지석에는 이렇게 적혀 있다. "국가가 성립될 요건이 모두 충족되었다." ❋

싼쭤뎬 유적:
석성에서 보이는 조상의 얼

잉진강의 지류인 인허강(음하陰河)을 막는 인허강 다목적댐 공사 도중 발견된 싼쭤뎬(삼좌점三座店) 유적은, 더 확실하게 국가 성립의 개연성을 보여준다. GPS로 싼쭤뎬을 치면 두 곳이 나오는데 다목적댐이 있는 곳이 유적지다. 유적의 전체 면적은 1만 4,000제곱미터이며 건물 터 수십 기와 석축 원형 제단, 적석총, 우물과 석축 저장공(13개)이 확인되었으며, 도로 혹은 수로가 구획 사이에 조성되어 있었다. 하늘과 땅을 상징하는 적석묘는 50~70센티미터 원을 중심으로 사방 20여 미터까지 확장될 만큼 거대해 제단과 구분되지 않을 정도다.

외성과 내성으로 구분된 성벽 중 내성 북쪽 성벽의 '치'는 5미터 간격으로 13개나 발견된다. 이들 석성이 특별히 주목받는 것은, 기저석을 쌓고 수평으로 기저를 받친 뒤 '들여쌓기'를 해서 고구려 성 등에서 발견되는 초기 석성 형식을 보여주기 때문이다. 또 이 석성은 횡으로 쌓은 뒤 다음 단을 종으로 쌓았는데, 이들은 고구려 백암성과 백제 계양산성 등과 축조기법이 똑같다. 대각선으로 뚫은 문지門址도 발견되었는데, 이는 은신하면서 드나들 수 있는 출입문이다. 샤자뎬 하층문화인들이 촘촘하고 견고한 석성을 쌓은 이유는 육박전肉薄戰 같은 대규모 전투를

샨쮀뎬 유적에서는 석축 저장공이 다수 발견된다.

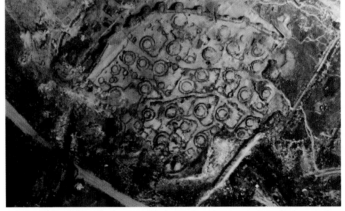

싼쭤뎬 유적의 내성 북쪽 성벽의 '치'에서는, 고구려 성에서 발견되는 초기 석성 형식을 그대로 볼 수 있다. 이처럼 촘촘하고 견고한 석성을 쌓은 것은 육박전을 고려했기 때문으로 추정한다(위). 하늘에서 내려다본 싼쭤뎬 유적(아래).

염두에 두었기 때문이라고 추정하는데, 한 가지 의문은 치의 높이가 매우 낮다는 것이다. 이는 당시 사람들의 키가 매우 작았기 때문으로, 160센티미터면 매우 큰 키에 속했다. ✼

다덴쯔 유적: 지배자의 탄생

샤자뎬 하층문화인들이 석성만 쌓은 것은 아니다. 몽골 초원에는 돌이 드문 곳도 많았기 때문에 이런 지역에서는 토성을 쌓았다. 다뎬쯔향(대전자향大甸子鄕)에서는 3,700~4,000년 전에 건설된 토성土城이 발견되었다. 이 토성은 평지에 쌓은 평원성平原城으로[2] 무려 1,100여 개의 무덤이 함께 발견되었다.

　놀라운 것은 이 거대한 무덤군이 판축版築으로 만든 성벽으로 보호되고 있다는 점이다. 다뎬쯔성은 아래 부분에 넓은 둔덕을 만들고 그 위에 성벽을 세웠다. 현재 남아 있는 성벽의 높이로 보아 원래 성벽은 훨씬 높았을 것이며 건설 연대는 무려 4,000년 전으로 올라간다. 성벽 한쪽에는 안으로 깊게 패인 성문 자리도 보인다. 수많은 무덤의 주인공은 바로 성 안에 살던 주민들이다.

이처럼 거대한 성의 존재는 우리에게 무척 많은 것을 말해준다. 인하대학교 융합고고학과 교수 복기대는 샤자뎬 하층문화 시기 토성의 발견으로 당대의 사회에 계급 구조를 볼 수 있다고 말하며, 집단의 힘을 동원할 수 있는 지배자가 있어서 거대한 성을 쌓을 수 있었다고 설명한다.

다뎬쯔촌 인근의 츠자잉쯔촌(지가영자촌池家營子村)에도 성벽이 있다. 이 역시 기원전 20세기경에 축조된 것으로 밝혀졌는데 지금까지 샤자뎬 하층문화에서 발견된 성 중 가장 큰 규모다. 성벽은 양옆을 돌로 쌓고 내부에는 흙을 채웠다. 성벽의 폭은 4~5미터, 현재 남아 있는 성벽의 높이는 2~3미터다. 성벽은 원형이며 면적은 무려 약 9억 제곱미터로 성안의 집터가 약 200여 개에 이른다. 성의 규모로 보아 모두 600여 개의 집터가 있었을 것으로 추정되며 당시 최소한 1,000여 명 이상이 거주했을 것으로 보인다. 더욱 중요한 것은 츠자잉쯔성을 중심으로 몇십 킬로미터 이내에 위성으로 보이는 작은 성들이 분포되어 있다는 것이다. 이들을 츠자잉쯔성의 수장이 통제했다면 그는 강력한 힘을 가진 권력자였을 것이다. 현재까지 이런 성터가 모두 60여 곳에서 발견되었으며 앞으로의 발굴로 더 많은 유적이 발견될 것으로 추정한다.[3] ✾

얼다오징쯔 유적: 드러난 고대인의 생활 문화

얼다오징쯔(이도정자二道井子) 유적은 츠펑에서 남쪽으로 약 8킬로미터에 있는 츠펑시 원중진(문종진文鐘鎭) 얼다오징쯔촌에서 발견되었는데, 이곳의 총 면적은 3만 제곱미터이며 노출 면적은 5,200제곱미터다. 기원전 2000년 전의 유적 퇴적층은 평균 8미터로, 여기서는 해자垓子 등이 발견되었다. 현재까지 발견된 샤자뎬 하층문화 주거 유적 중 가장 완벽한 취락으로, 벽이 2.1미터나 될 정도로 보존 상태가 좋다. 현재 박물관 건설 등 유물 보

얼다오징쯔 유적의 유지 모습(위). 샤자뎬 상하층문화의 유적을 탐방하고 관련 지식을 얻을 수 있는 아오한기 박물관에서 답사와 관련된 정보를 얻으면 좋다(아래).

존 조치가 진행 중으로 아직 일반에 공개되지 않고 있지만, 곧 자취를 드러낼 것으로 보인다.

　　샤자뎬 하층문화와 상층문화를 일반 자료만 가지고 답사하는 것은 상당히 어렵다. 이들 지역을 답사한 전문가를 통해 많

은 정보를 축적한 후 도전하는 것이 바람직하다. 특히 이들 유적의 상당 부분을 관장하고 있는 아오한기 박물관에서 도움을 받는 것을 추천한다. ✸

제2장

인쉬 유적

"환허강(원하洹河)의 안양安陽 이름은 헛되지 않았다. 3,000년 전에는 제국의 수도였다."

중국의 저명한 문학자이자 역사학자인 궈모뤄郭沫若가 안양을 찬미하며 지은 시다. 안양은 바로 중국 은나라의 도읍지인 인쉬를 가리킨다.

인쉬는 중국 허난성河南省 안양시 서북쪽에 있는 환허강의 남북 양쪽 기슭에 있다. 충적평야 위에 있어, 지세는 평탄하고 토지는 비옥해 고대인이 거주하기에 이상적인 지역이다.

중국의 자료에 의하면, 은나라에서 성탕成湯이라는 영웅이 하나라를 멸하고 천하를 통일했다. 성탕은 덕으로 나라를 다스리고 이윤伊尹을 재상으로 등용, 국세를 떨친다. 원래 이윤은 성탕의 신하로, 하나라로 간 적이 있었으나 하의 걸桀 임금이 학정虐政을 하자 다시 성탕에게 돌아온다. 천하의 인심을 얻은 성탕은 도읍을 '박亳'으로 옮긴 뒤 드디어 11차례의 접전 끝에 하 왕조를 무너뜨리고 천하를 통일한다. 이때가 기원전 1600년이다. 기원전 14세기, 반경盤庚이 수도를 은殷으로 천도하고 주紂 왕 때 나라가 망하기까지, 총 8대 12왕, 전후 273년을 보냈는데 이 시기를 은이라고 부른다.

주나라가 은나라를 멸망시킨 후 주 왕의 아들 무경武庚에게 은을 계속 다스리게 했는데 무경이 반란을 일으켰다. 주에서 무경을 토벌한 후 은나라 사람들을 다른 곳으로 이주시켜 그곳이 폐허가 되었으므로 이를 인쉬殷墟라 부른다.

학자들은 상나라의 초기 인구는 약 540만 명, 은나라 말기의 인구는 850만 명에 달하는 것으로 추정한다. 3,500년 전에 500여 만 명의 인구가 살았다는 것은 당대에 은나라가 얼마나 거대한 제국이었는지를 알게 하는 대목이다.

1928년 중국중앙연구원 역사어연구소의 푸쓰녠傅斯年은 둥쭤빈董作賓에게 허난성에 있는 안양 샤오툰촌(소둔촌小屯村)의 갑골문 매장 상황을 조사하라고 했다. 조사를 마친 둥쭤빈은 이들 지역이 은나라의 수도일지도 모른다고 보고했다. 당시에 하나라와 은나라는 실존이 증명되지 않은 전설의 국가였으므로 중국

정부는 서둘러 발굴에 착수했다. 1937년 중일전쟁이 일어나 발굴이 잠시 중단되었지만, 1950년부터 중화인민공화국이 성립된 후에도 발굴은 계속되어 총 15회에 걸쳐 발굴이 이루어졌다.[4] 이로써 인쉬는 중국 최초의 고대 수도라는 역사적 지위를 굳건히 지켰고, 2007년 유네스코 세계유산에 등재되었다.

인쉬 안에 있는 왕궁 주거 유적의 크기는 남북 약 300미터, 동서 약 100미터다. 이들 궁전을 만들 때 토지를 평편하게 다지고 그 위에 초석을 놓고 기둥을 세웠다. 길이가 30미터에 이르

| 인쉬가 유네스코 세계문화유산임을 알리는 표지석.

인쉬 허우강의 원형 제사갱 주위에 순장된 사람의 유골. 순장 풍습은 현세에서 부리던 시종이 죽음 이후에도 필요하다는 생각이 더해져 등장했다.

는 목조 궁전도 있는데 지붕은 짚을 엮어 덮었다. 귀족들의 저택은 샤오툰촌 서북쪽에 집중되었고 동쪽에는 고관들의 주거지가 집중되었다.

학자들을 놀라게 하는 것은 허우강(後崗후강)에서 발견된 원형 제사갱祭祀坑이다. 우관촌(무관촌武官村) 북쪽 인쉬 왕릉 구역에서 250여 개에 달하는 엄청난 제사갱이 발견되었는데 동서로 450미터, 남북 250미터로 총 면적은 0.11제곱킬로미터다. 이들 관 주위에 순장된 사람들은 부지기수로 한 대형 무덤에 순장된 사람의 숫자는 무려 1,000명에 달했다. 묘실에서 청동기와 옥으로 만든 그릇 등이 발견되었는데 신에게 올리는 술잔, 그릇, 악기들이 유물의 주를 이루었다. 왕이 기르던 말·원숭이·코끼리 등도 함께 묻었다. 이는 왕들이 죽은 후에도 살아 있을 때와 같은 생활을 할 수 있도록 배려한 것이다. 당대의 지배자들은 사두 마차를 탔으며 전쟁도 전차전 위주였는데, 이 사실을 증명하듯 네 마리의 말 뼈가 들어 있는 마차 유물도 발굴되었다.

인쉬 유적이 중요한 이유는, 아름다운 청동 용기, 옥기, 도기, 상아 제품 등이 헤아릴 수 없이 발견되어서이기도 하지만 그보다도 총 2만 4,794개나 되는 갑골문이 발견되었기 때문이다. 갑골문을 해독함에 따라 중국은 전설상의 나라로 여겨진 상나라가 실존했음을 발표할 수 있었다. 특히 상나라의 역사를 기록

인쉬 유적에서 발견된 갑골문 해독을 통해,
중국은 상나라의 실존을 확인했다.

한 사마천의 『사기史記』가 소설이 아니라 사실史實이라는 것을 확인했다.

중국의 고대 왕조인 상나라·주나라의 특징은 청동의 활용이다. 취사 용기, 식기, 무기, 공구는 물론 여러 가지 생활 용기를 청동으로 만들었다. 중국 각지에서 출토된 상나라와 주나라의 청동기들은 수천여 개나 되며, 은나라 수도였던 인쉬에서 출토된 은나라 말기 청동기만 해도 1,000여 개가 넘는다.

중국에서 현재까지 발견된 것 중 가장 큰 청동기는 왕릉 구역의 1,217호 대묘동묘도大墓東墓道에서 발견된 '사모무대동정司母戊大銅鼎'이다. 사모무대동정은 형체가 가장 크고 중량도 가장 무거워, 무려 875킬로그램(길이 1.16미터, 폭 0.79미터, 높이 1.33미터)이나 된다.

이와 같이 거대한 청동기를 제조하려면 단 1개의 용광로로는 감당할 수 없다. 현재까지 발견된 상대 말기의 동銅 제련 기술을 보면 1개의 작은 용광로에서는 한번에 12.7킬로그램의 동용銅俑을 정련해낼 수 있다. 이 계산에 의하면 사모무대동정을 제작하기 위해서 70~80개의 용광로가 필요하다. 거기다 광석을 제련하자마자 주조해야 하기 때문에 한꺼번에 80여 개의 용광로를 가동해야 한다. 이것은 상나라와 주나라의 청동기 제조 기술이 대규모 제작이 가능한 상당히 높은 수준이었음을 알려준다.

사모무대동정은 지금까지 중국에서 발견된 청동기 중에서 가장 큰 것이다. 이 거대한 청동기는 상나라의 청동기 제조 기술이 절정에 달했음을 알려준다.

사모무대동정의 주인공은 부호婦好다. 그녀는 중국 역사상 최초의 문자가 기록된 여장군으로 은나라 왕 무정제와 무정제의 아들 조갑祖甲의 부인 중 한 명으로 추정한다. 이들의 부인 중에는 '무戊'라는 이름의 부인이 각각 한 명씩 있었다. 은 왕조에서 가장 강대한 세력을 지녔던 시기가 바로 무정제에서 조갑에 이르는 시기다. 갑골문의 기록에는, 그녀가 여러 차례 출정해 사방을 토벌했다고 되어 있다.[5]

대묘동묘도는 남북 5.6미터, 동서 4미터, 깊이 8미터로 그다지 크지 않지만 청동기물, 옥석기 등이 1,928건이나 출토되었고 그중 청동용기는 460여 개에 달해 당대에 얼마나 많은 청동기가 부장품으로 묻혔는지 알 수 있다. 이 무덤에는 16명이 순장되었으며 무덤 위에 흙으로 된 소규모 집터가 발견되었는데, 제사 때 사용되던 건물이 있었던 것으로 보인다. 이들 유물은 인쉬 박물관에 전시되어 있다.

중국 동북방의 샤자뎬 상층문화인들이 중원으로 내려가 은나라를 건설한 이유는 비교적 간단하다. 샤자뎬 지역의 기후가 변했기 때문이다. 샤자뎬 하층에서는 돼지가 발견되는데 샤자뎬 상층에서는 양, 염소 등이 발견된다. 이는 샤자뎬 상층의 기후가 농업하기에 적합하지 않았음을 의미한다.

쑤빙치蘇秉琦는 샤자뎬 하층문화가 하나라(기원전 2070~1600년)와 같은 반열에 드는, 중권의 강력한 방국方國(왕국)이라고 지적했는데 이 방국을 고조선으로 본다. 이 동이족 고조선의 일부 지파支派가 기후 변화 등의 이유로 중원으로 내려가 하나라를 멸망시키고 상나라(기원전 1600~1046년)를 건국했다는 것이다.[6]

상 문화의 기원이 동북 지역과 관련 있다는 사실은 인류학적으로도 지지를 받는다. 판지펑潘基風은, 인쉬의 중소 귀족 무덤에서 출토된 상나라 인골은 대부분 북방 인종의 특징을 갖고 있다고 발표했다.

　"인쉬의 씨족 무덤 가운데 어느 정도 규모를 가지고 있는 중형 무덤은 모두 세트를 이룬 청동 예기를 수장하고 있거나 노예가 배장培葬되어 있다.……그들은 아마도 봉건 귀족으로 왕족과 밀접한 관계를 가지고 있거나 또는 그 자신이 왕족의 성원이었을지 모른다. 인쉬에서 발견된 상나라 귀족들의 시신들은 대다수 동북방 인종의 특징을 갖추고 있다. 인골들의 정수리를 검토해보면 북아시아와 동아시아인이 서로 혼합된 형태가 나타난다. 이것은 황허강(황하黃河) 중하류의 토착 세력, 즉 한족漢族의 특징과는 판이하다는 결론에 이른다."

　이 설명은 상나라인의 조상이 북방 지역의 고대 거주민과 친연성이 있다는 것을 보여준다. 동아시아와 북아시아의 두 유형이 혼합된 인종 특징은 황허 유역 중·하류의 원시 거주민에게 고유한 것이 아니기 때문이다.[7] 쑤빙치의 설명은, 은나라 사람이 중원을 차지한 후 각 지역의 수많은 문화적 요소를 받아들여 많은 변화가 일어났지만, 그 중심적 문화 요소는 여전히 동북 문화의 특징을 나타낸다는 말이다.[8] ✾

고조선의 도읍지

『삼국유사』는 단군이 아사달(평양성)→백악산 아사달→장당경을 거쳐 최초의 수도였던 아사달로 다시 돌아가 산신령이 되었다고 기록하고 있다. 2,000여 년에 걸친 장구한 시기 동안 고조

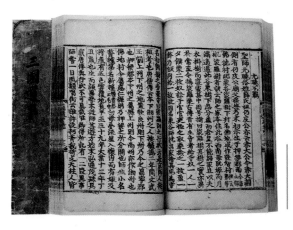

『삼국유사』는 2,000여 년의 고조선 역사에 네 번의 수도 이전이 있었다고 기록한다.

선에 네 번의 수도 이전이 있었다는 것이다.

　　일연은 고조선의 수도가 한반도 북부에 있었다고 하며, 아사달의 위치를 무엽산無棄山, 백악白岳 등 산으로 이해했다. 그 결과 아사달을 백주白州(지금의 황해도 연백군) 또는 개성 동쪽의 백악궁白岳宮(위치 미상)으로 비정했다. 한편 이승휴는 『제왕운기』에서 황해도 구월산을 아사달로, 『고려사』에서는 지금의 평양을 아사달로 비정했다. 반면 고조선의 수도가 한반도에 있지 않다는 그동안의 연구 결과(대동강중심설 제외)를 따르자면, 고조선의 수도는 한반도가 아니라 중국에서 찾아야 한다. ❀

평양성: 신비로 남은 고조선의 첫 수도

고조선의 첫 번째 수도로 알려진 평양성의 현재 위치는 알려져 있지 않다. 북한은 평양시 강동군 문흥리 대박산 기슭에 있는 단군릉檀君陵을 발굴한 후 고조선의 수도는 평양이라고 주장했다. 한편 실학자 박지원, 신채호, 역사학자 윤내현, 복기대 등은 중국의 랴오닝성 선양시 동남쪽에 있는 번시시(본계시本溪市)를 평양성이라고 주장하는데, 아직 일치된 결론이 도출된 것은 아니다.[9]

고조선의 수도를 찾는 것이 어려운 것은 고조선이 선·후로 나뉘었든 아니든 기본적으로 2,000여 년의 역사를 갖고 있기 때문이다. 장구한 역사와 유적지 보존 문제 등을 감안하면 4,300년 전의 근거지를 찾는 것이 간단한 일이 아니다.

『삼국유사』는 고조선의 첫 번째 수도인 평양과 마지막 수도인 아사달을 동일한 장소로 설명했다. 고조선 멸망시의 장소를 파악하면 첫 번째 수도를 알 수 있다는 말도 되지만, 이 또한 만만하지 않다.

고조선이 랴오허강 유역에 수도를 두고 광활한 지역을 다스렸는데, 고조선 말기 연나라에 패배해 수도를 평양으로 옮겼다는 설도 제기된다. 진개秦開에 의해 동호東胡(고조선으로 추정)가 서쪽 땅 1,000여 리를 빼앗긴 바람에, 고조선이 중심지를 대동강 일대로 옮겨 고조선의 평양시대가 시작되었다는 것이다. 평양이 고조선의 후기 수도가 되었다는 이 내용 역시 위만조선이 고조선을 대표하느냐 그렇지 않으냐 하는 논란과 이어진다.[10]

북한은 위만조선이 고조선을 대표하지 않는 이유를 간단하게 설명한다. 한나라가 기원전 108년 위만조선을 멸망시킨 사실을 두고, 한나라는 평양의 고조선이 아니라 고조선의 부수도인 왕검성(오늘날 랴오닝성 가이저우시〔개주시盖州市〕)을 멸망시켰다는 것이다. 고조선의 전 지역과 그 동쪽 고구려 지역까지 점령하려던 목적을 한 무제가 실현하지 못했다는 말이다.

『삼국유사』에 나오는 네 번에 걸친 고조선 수도 천도 이야기는 앞으로 명확하게 정리될 때를 기다려야 할 것이다. ❀

백악산 아사달: 한민족의 혼이 서린 명산

고조선의 두 번째 중심지인 백악산 아사달도 확정적이지는 않지만, 첫 번째 수도와는 달리 약간의 자료들이 제시된다. 『신동아』의 편집위원 이정훈은 샤자뎬 하층문화의 발굴 결과와 기자, 위만조선의 유물과 고대 기록을 검토한 후 '백악산 아사달'의 적지는 랴오닝성 베이전시에 있는 이우뤼산으로 추정된다고 적었다.[11] 물론 이우뤼산을 고조선의 세 번째 수도인 장당경으로 비정하기도 한다. 이쪽이든 저쪽이든 이우뤼산이 고조선과 상당한 관련이 있다는 이야기다.

이우뤼산醫巫閭山의 의醫와 무巫와 려閭는 각각 '치료하다'와 '무당', '마을의 문'을 뜻하며, 만주어로는 '크다'라는 뜻이다. 이 뜻을 다 합치면 '세상에서 상처받은 영혼을 크게 치료하는 산'이 된다. 이우뤼산은 중국에서 매우 잘 알려진 명승지다. 중국 12대 명산 중 하나이자 백두산, 톈산산(천산天山)과 더불어 동북 지역 3대 명산으로, 선양에서 150킬로미터 정도 떨어진 베이전시 서쪽에 있다. 최고봉인 왕하이산(망해산望海山)은 해발 867미터로 산 이름은 원래 만주어로 '푸르른 산'이라는 뜻이다. 중국 황실이 3,000년 전 주나라시대부터 청나라에 이르기까지 하늘에 제사를 지내던 곳이며, 불교와 도교의 도량지度量地로 평야지대에 있는 까닭에 우뚝해 보인다.

이우뤼산은 다링강과 랴오허강 사이에 있는데 하나의 독립된 산이 아니고 남북으로 길게 연이어져 있는 산줄기다. 중국 대륙에서 쳐들어오는 세력을 막아주는 울타리 역할을 하므로 전략적으로 매우 중요한 산이다. 또한 산이 흰 바위로 이루어져 있어 '흰바위산'으로 불러도 좋을 정도로 산줄기가 아름답다.

정상에 오르면 동쪽은 랴오둥(요동遼東) 벌판, 북쪽으로 몽골 초원이 펼쳐지며 남쪽으로 보하이만(발해만渤海灣)이 눈에 들어온다. 이 지역은 고대 전투에서 가장 중요한 요충지로, 차오양·아오한기·츠펑 등을 거쳐 동북으로는 멀리 다싱안링산맥 및 홀

북진묘는 수나라 때인 기원후 594년, 이우뤼산을 북진의 명산으로 봉하면서 세워졌다. 북진묘의 정면에는 문이 다섯 달린 석조 패루牌樓가 우뚝 솟아 있다.

룬보이르 초원과 연결되며, 서북부로는 고원지대를 거쳐 네이멍구 초원으로 이어지므로 북방 유목인들의 남하 루트로 이용되었다. 이곳에는 다링강·라오하강(노합하老哈河)·시라무룬강·시랴오강(서요하西遼河) 등이 흐르고 있다. 보하이의 서쪽에는 허베이성과 톈진시 및 산하이관(산해관山海關)·친황다오(진황도秦皇島)·창리·제스·탕산(당산唐山) 등 고대 해안가 도시들이 있다. 특히 롼허강과 하이허강(해하海河)이 내려오다 보하이만으로 들어간다.[12]

한국 역사에서도 이우뤼산을 상당히 중시한다. 고구려 광

개토대왕비에 나오는 '부산富山'이란 단어를 이우뤼산으로 추정
하기 때문이다. 이 말은 광개토대왕이 거란족을 치기 위해 이곳
이우뤼산을 넘었다는 것으로 이우뤼산 지역까지 고구려가 지배
했음을 뜻한다. 이우뤼산은 금나라와 명나라가 랴오둥 지역의
패권을 다툴 때도 등장한다. 인근에 명나라의 군사적 거점으로
이우뤼산의 산신을 봉사하는 베이전묘(북진묘北鎭廟)가 있다. 베
이전묘에서 이우뤼산이 잘 보이므로 전쟁의 요충지가 됨을 곧
바로 알 수 있다.

　　이우뤼산 입구는 광장으로 조성했는데, 근래에 좌우대칭
으로 된 시멘트 조형물로 중앙문을 세워 그 하단 앞뒤로 이우뤼
산의 역사를 알려주는 수많은 조각을 새겼다. 여기에는 순舜 임금
이 이우뤼산을 봉하는 장면, 굴원屈原이 시를 읊조리는 모습, 청
황제가 승경勝景을 유람하는 풍경과 사냥하는 모습 등이 세세하
게 그려져 있다. 이 중앙문을 통과하면 향불을 피우고 산신에게
예를 올리는 비각碑刻이 있다. 이 비각 뒤 진입로 입구 왼쪽 편에
건륭제乾隆帝의 친필로 '이우뤼산'이라 새겨진 비석이 있다.

　　이우뤼산에 있는 천년 고찰 윈옌사(운암사雲巖寺)에 오르면
랴오둥 벌판이 손바닥처럼 훤히 내려다보인다. 윈옌사에는 천
년송(홍송紅松), 요遼 태조가 시주했던 관음불, 고도(옛길), 티베트
형 불탑 등이 있다. 이우뤼산은 특히 조선인들의 필수 방문 코스

광장으로 조성한 이우뤄산의 입구. 시멘트로 된 좌우대칭 형태의 중앙문은 근래 만들어 세운 것이다.

이기도 해 수많은 사람이 방문해 많은 글을 남겼으며, 그중에서도 조선 후기 실학자인 홍대용은 이곳에서 『의산문답醫山問答』을 탄생시켰다. 다산 정약용은 '불역쾌재행不亦快哉行'이란 제목으로 다음과 같은 시를 남겼다.

"의무려산醫無閭山 꼭대기에 주연을 펼쳐놓고
요동벌 발해 신帅을 한자리에 불러 모아

미주美酒 삼백 잔을 나누어 마신 뒤에

호기가 한 곡조를 목 놓아 부른다면

그 또한 통쾌하지 아니할까."

조선인들의 글이 얼마나 많은지 청나라의 건륭제는 「계묘

어제시癸卯御製詩」에서 다음과 같이 읊었을 정도다.

"산 위에 새겨진 많은 조선인의 글, 절벽 위에 새겨진 글 중

많은 조선인이 이우뤼산을 방문해 수많은 글을 남겼다. 그중에는 조선 후기의 실학
자 홍대용도 있다.

해동인의 글이 제일 많다네."

　　이우뤼산의 어디가 고조선의 중심 지역인지는 확인되지 않았다. 그럼에도 이우뤼산을 답사 일정에 넣는 것은 충분한 의미가 있다. 고구려 광개토대왕의 전적을 포함해 우리의 혼을 느끼기에 충분하기 때문이다. ✿

장당경:
패수에 감겨 흐르는 낙랑의 고향

이우뤄산이 장당경일지도 모른다는 가설도 있지만 장당경의 위치도 명백하지는 않다. 조선시대 후기의 유학자 허목許穆은 유주幽州(오늘날 허베이성 북부 및 랴오닝성 일대)로 기록했고 윤내현 교수는 다링강 인근이라 주장했는데, 다링강은 고조선을 언급할 때 '반드시'라고 할 정도로 자주 등장하는 곳이다. 따라서 여기서는 랴오허강 유역에서 가장 긴 강인 다링강에 대해 설명한다.[13]

다링강은 고조선 중심지의 위치를 설명할 때 반드시 언급되

다링강은 과거 '패수'라 불린 강으로,
선후대 고조선의 역사는 이곳을 중심으로 이루어졌다.

는 지명 중 하나인 패수浿水로 알려져 매우 중요하게 다루어진다.
패수는 열수列水·洌水와 함께 일찍부터 중국에 알려졌는데 고조
선의 표지 유물로 간주하는 비파형동검이 다수 출토된 곳이다.
　　다링강의 본류는 산하이관의 동쪽인 랴오닝성 젠창현(건창

현建昌縣) 수이취안슝(수천흉水泉洶)에서 발원해 북류하다가, 카줘(객좌喀左)에서 허베이성 핑취안현(평천현平川縣)에서 발원하는 지류와 합류한 뒤 동쪽으로 흘러 차오양시, 베이퍄오시(북표시北票市), 원현(문현文縣), 링하이시(능해시凌海市) 등을 지나 보하이만으로

들어가는 강이다. 이 강은 길이 398킬로미터, 유역 면적 2만 3,263제곱미터이며 유역 내에 홍산문화의 주요 유적지인 둥산쭈이(동산취東山嘴), 뉴허량(우하량牛河梁) 유적이 자리하고 있다. 한마디로 고조선 선대부터 후대까지 많은 역사가 이곳에서 이루어졌다는 말이다.

특히 다링강 유역 내의 차오양은 고조선이 연나라에 밀려 동쪽으로 퇴각한 끝에, 연나라의 수도가 된 곳이다. 『사기』에서는 "한나라는 중국을 통일한 뒤 랴오둥 지방의 옛 요새를 수리

하고 패수를 랴오둥과 고조선의 경계로 삼았다"고 적었다. 북한
도 『수경水經』에 나온 "패수는 낙랑 루방현에서 나와 동남으로
임패현을 지나 동쪽 바다로 흘러간다"는 기록을 근거로 패수를
'다링강'이라고 주장한다. 『수경』은 양쯔강(양자강揚子江)·황허
강을 비롯한 40개의 본류와 지류의 지리와 물길을 기록한 책으
로, 북위北魏 역도원酈道元의 주注가 유명하다. 덧붙이자면, 패수가
다링강이라는 주장은 정인보鄭寅普까지 올라간다.

　　다링강에서 주요 장소는 바이랑산(백랑산白狼山)이다. 바이랑
산은 젠창과 카쭤 사이에 있는데 다링강의 옛 이름 '바이랑허白
狼河'가 이 산 이름에서 유래했으며, 낙랑과 관계가 깊다.

　　위만조선 멸망 후 이들 지역에 군을 설치하기로 결정한 한
무제는, 랴오시(요서遼西) 지역의 상부와 하부를 흐르는 두 강 '라
오러수이(요락수遼樂水)'와 '바이랑수이(백랑수白狼水)'의 가운데 글
자를 따 한사군의 중심부에 낙랑군을 탄생시켰다. 라오러수이
는 랴오허강 상류의 이름이며, 현재의 이름은 시라무룬강이다.
또 바이랑산에서 발원한 바이랑수이의 현재 이름은 다링강이
다. 따라서 낙랑군은 동서에 랴오허강과 롼허강이, 남북에 다링
강과 시라무룬강이 있는 지역에 존재했음을 알 수 있는데, 막상
장당경의 명확한 위치는 알려지지 않고 있다.[14]

　　바이랑산은 현재 '다랑산(대랑산大浪山), 다시산(대서산大西山)'

이라 부르며 산 남쪽에는 무덤과 탑 등 유적이 남아 있다. 중국은 바이랑산과 젠창의 남동쪽에 있는 헤이산(흑산黑山)을 관광지인 '바이랑산 풍경구'로 조성했다.

삼국시대 조조가 삼국 중 선두주자로 나설 수 있었던 결정적 계기는 기마민족인 오환烏桓과의 전투를 승리로 장식했기 때문이다. 기원전 207년(건안建安 12년) 5월 무종無終에 도착한 조조는 7월에 큰 비를 만난 데다 오환의 저항에 부딪혀 오도 가도 못하는 신세가 된다. 이때 루룽(노룡盧龍) 부근에 살던 전수田疇라는 사람이 향도嚮徒가 될 것을 자청했다. 이에 조조는 전수의 말에 따라 우회 비밀 침투 작전을 수립하고 오환을 속일 계획을 짰다. 조조는 더운 여름이므로 도로로 이동할 수 없다며 가을, 겨울까지 기다린 후 다시 진군하겠다고 말했지만, 이는 조조의 기만술이었다. 그는 군대를 이동시키지 않겠다고 선언한 후 비밀리에 유성柳城(오늘날 차오양)으로 진군했다. 오환이 이를 알아차리고 유성 200리 부근에서 반격하지만 조조는 바이랑산에서 오환을 물리친다. 이로써 조조는 기마돌격부대인 오환을 심복으로 삼아 각종 전투에서 승승장구하는데, 오환은 북방기마민족 즉, 고구려 등과 크게 관련이 있다. ✿

제
4
장

기자조선과 위만조선

기자조선의 도읍지, 고죽국

기자가 세운 기자조선(기씨조선 혹은 고죽국)이 한국에서 큰 논쟁의 대상이 된 것은, 기자조선 즉 고죽국이 한반도에 있었느냐 아니면 중국의 베이징 가까이에 있는 롼허강 동부 유역에 있었느냐에 따라 역사가 원천적으로 달라지기 때문이다.

보하이만 북안北岸에 있던 고죽국은 은나라 탕왕湯王 때의 제후국 중 하나로 알려진다. 군성君姓은 묵태씨墨胎氏다. 주나라 초 고죽군孤竹君의 두 아들 백이와 숙제가 은나라에 대한 충절을 지키기 위해 주나라의 곡식을 먹지 않겠다고 수양산首陽山에 숨어

카쭤현 베이둥촌의 은나라 말
기 청동 제기에서 발견된 '고
죽' 명문.

살면서, 고사리를 캐어 먹다가 굶어 죽었
다는 전설로 유명한 나라다.

1970년대에 중국 랴오닝성 차오양시
카쭤현 베이둥촌(북동촌北洞村) 구산(고산孤山)
에서 '고죽孤竹'이란 명문이 있는 은나라 말
기의 청동제 제기祭器가 발견되었다. 그 인
근에서 '기후箕侯'라는 명문銘文을 가진 청
동기가 함께 발견됨으로써 이곳이 원래 고
죽국이며 주나라 때 기자箕子가 책봉된 곳
이라는 문헌이 사실이라는 평가를 받았다.
즉 고죽국 지역에 기자조선이 있었음이 확인된 것이다.

타임머신으로 기자의 여정을 정확하게 따라가지 않는 한
정확한 위치를 찾는 것은 어려운 일이다. 그럼에도 고죽국의 위
치에 대해서는 다음 네 곳이 기본적으로 거론되고 있다.

① 오늘날의 란허강 하류: "고죽성은 루룽현 남쪽으로 12리 떨
어진 곳에 있으며, 은나라 제후국인 고죽국이라 했다."

• 『사기정의史記正義』

② 오늘날의 산하이관 인근: "순 임금 때 북기北冀의 동북을 분할

해 유주幽州라 했고, 상나라 때는 고죽국이라 했다. 위치는 산
하이관 동쪽 90리, 보하이 연안에서 20리 떨어진 곳이다."

(지금의 진시현〔금서현錦西縣〕첸웨이〔전위前衛〕일대)

• 『요동지遼東志』「지리지」

③ 오늘날의 카쭤 일대: "요서 영지현令支縣에 고죽성이 있다."

• 『한서』「지리지」

④ 오늘날의 차오양 일대: "유성현柳城縣은 원래 상나라 고죽국이
다. 유성현은 구주잉쯔(고죽영자孤竹營子), 즉 차오양 서남으로
카쭤현 · 젠창현 · 진시현 등 3개 현의 경계 지점이다."

• 『흠정성경통지欽定盛京通志』

이 네 곳 모두 고죽국으로 손색이 없는 것은, 고죽국으로
비정하는 데 필요한 기초적인 증거인 은말주초의 청동기가 발
견되기 때문이다.[15] 그러나 처음에 학자들은 기자조선의 중심지
를 허베이성 친황다오시 루룽현(영평성)이라고 추정했다. 조선
성이 있던 롼허강 하류의 옛 지명은 역사적으로 영평부永平府, 우
북평右北平, 평주平州와 같이 평平자 지명으로 일관되는데, 현재 친
황다오시 루룽현 영평성에는 성벽과 성문 등 유적이 남아 있다.

영평성의 성문. 영평성은 기자조선의 근거지인 고죽국이 있던 곳으로 최초 추정되었다.

그러다가 고죽국은 점차 동쪽으로 이동해, '고죽'명 청동기가 발견된 랴오닝성 차오양시 카쮀현 지역을 중심 지역으로 본다.

카쮀현의 행정 지명은 랴오닝성 차오양시 커라첸쥐이(객라심좌익略喇沁左翼) 멍구쭈자치현(몽골족자치현蒙古族自治縣) 핑팡진(평방진平房鎭) 베이둥촌이다. 청나라시대 여조양呂朝陽은 "영지현은 바로 커라첸쥐이, 지금의 카쮀다"라고 했다. 이곳은 전면에 고산이 웅장한 모습으로 버티고 있고 동북 방향으로 높은 평산을 안고 있는데 평산 중턱에 대규모 사찰인 푸두사(보도사普渡寺)가 있다. 청동기가 발견된 발굴지는 현재 매장해서 아무것도 보이지 않지만, 마을 주민들에게 물어보면 그 위치를 친절하게 알려준다. 자신들이 살고 있는 곳이 고죽국의 터라는 데 자부심을 느끼기 때문이다.

다링강과 관련해 한국사에서 중요시 하는 곳은 『사기정의 史記正義』에서 고죽국 영역으로 비정한 롼허강이다. 롼허강과 다링강은 고조선 본영과는 달리 고조선 변방에 있는데, 이 위치가 고조선의 큰 틀을 좌우한다. 한마디로 고죽국과 기자조선 등의 활동 반경을 정확하게 비정할 수 있는 핵심 요소가 바로 롼허강과 다링강이다.

롼허강은 중국 허베이성의 북부 몽골고원 남부에서 발원해, 많은 지류와 합류하며 급류를 이루어 남동쪽으로 흘러내려

| 롼허강은 고죽국과 기자조선의 활동 반경을 비정하는 핵심 요소다.

간다. 다시 옌산산맥을 가로지르고 롼현漯縣을 거쳐 허베이 평야 하류에 삼각주를 형성하면서 보하이만으로 흘러든다. 길이는 877킬로미터이고 유역 면적은 4만 4,945제곱미터다. 물의 흐름이 강하며 굴곡이 심한 데다 겨울에는 꽁꽁 얼어 하류에서만 목조선木造船이 다닐 수 있다.

롼허강 방면에 최초로 중국 왕조의 군현郡縣이 설치된 시기는 기원전 300여 년경, 연나라 장수 진개가 동호를 침략해 동으로 1,000여 리 땅을 빼앗고 점령지에 상곡군, 어양군, 우북평군, 요서군, 요동군을 설치했을 때다. 이때 연나라는 점령지 가장 동쪽에 요동군을 설치했는데, 이때 요동군의 동변東邊에는 롼허강과 사곡邪谷, 제스산이 있었으며 제스산 이웃에 요수遼水가 있었다. ✼

백이 · 숙제

고죽국을 언급하면서 고죽국의 간판스타인 백이伯夷 · 숙제叔
齊를 지나칠 수 없다. 백이 · 숙제는 고죽국의 왕자로, 왕은 아
우인 숙제를 후사後嗣로 세우려고 했으나, 왕이 사망하자 숙제
는 형 백이에게 양위讓位하려고 했다. 그러자 백이가 "네가 왕
위에 오르는 것이 아버님의 명이다"라고 했고, 그럼에도 숙제
가 이를 거부하자 두 명 모두 은을 이은 주나라를 탈출해 망
명길에 나선다. 망명길을 떠난 백이 · 숙제는 주周의 녹봉을
먹으려 하지 않고, 수양산首陽山에 몸을 숨기고 고사리를 캐 먹
으며 연명하다가 끝내 굶어 죽었다고 알려진다. '백이 · 숙제
가 숨어 살며 고사리를 캐어 먹다 죽었다'고 알려지는 수양산
은 한 곳이 아니라 중국 뤄양(낙양洛陽)을 비롯, 산시성(산서성
山西省), 허베이성 등에 있다.

　　기자조선의 처음 정착지는 충절지향忠節之鄕으로 알려진

루룽시(노룽시盧龍市)로 '조선성, 조선현, 조선관'이 있는 등 역사상 최초로 조선朝鮮이란 지명이 기록된 곳이다. 영평부는 무령현撫寧縣과 사하역沙河驛 사이에 있었는데 지형은 평양, 건축 형태는 선양성(심양성瀋陽城)과 비슷하다고 알려진다. 한나라 때는 우북평右北平, 당나라 때는 노룡새老龍塞라 불렸다. 중앙에 향시를 보는 시원試院이 있었고, 그 곁에 조선관朝鮮館이라는 조선 사신들의 숙소가 있었다고 알려진다.

영평부 서문瑞門은 성벽으로 되어 있는데 백이와 숙제가 샘물을 마셨다는 이제정夷齊井이 있다. 길을 따라 마을을 지나면 낮은 산이 나타나고 그 산 중턱에 백이와 숙제의 유적인 '이제고리夷齊故里(이제가 살았던 옛 마을이란 의미)' 비가 세워져

'이제고리' 비.

'청절묘' 비.

있다. 그리고 그 옆에 '청절묘淸節廟' 비가 세워져 있는데 묘는 보이지 않는다.

조선 인조 2년(1624) 명나라에 사은겸주청사로 파견된 정사 이덕형李德馨이 그린 '조천도중창락현朝天圖中昌樂縣'에 의하면 백이·숙제의 묘(이제묘)의 위치는 산둥성(산동성山東省) 칭저우(청주靑州)와 라이저우(내주萊州) 사이인 창러현(창락현昌樂縣), 허베이성 루룽현 남동쪽에 있는 양산(양산陽山), 산시성山西省의 레이서우산(뇌수산雷首山·首山), 허난성 옌스현(연사현偃師縣)과 멍진현(맹진현孟津縣)의 경계에 있는 망산邙山, 간쑤성(감숙성甘肅省) 룽시현(농서현隴西縣) 등에 있다고 알려진다. 각지에서 자신들의 고장에 백이·숙제의 묘가 있다고 주장하는 것은, 그만큼 그들의 명성이 높다는 것으로 보아야 할 것이다.[16] ✿

위만조선의 수도, 험독

사마천의 『사기』와 반고의 『한서』는 기원전 100년을 전후해 편
찬된 역사서로, 거의 2,100년 전의 기록이지만, 고조선과 깊은
관계가 있는 위만조선의 수도 위치를 기록하고 있다.

"조선왕 위만滿의 도읍이며, 물이 험한 곳에 있어 험독險瀆이
라 한다. 왕험성은 낙랑군 패수의 동쪽에 있으며, 이곳이 바로
험독이다." • 『한서』

"요동 험독현險瀆縣에 조선왕의 옛 도읍이 있다. 창리昌黎에
험독현이 있다." • 『사기』

많은 학자의 추적 결과, 험독은 오늘날 랴오둥성에서 이우
뤼산으로 가는 일직선상에 놓인 성으로 추정한다. 쑨청쯔성(손
성자성孫城子城) 또는 위자팡도구커우(우가방도구于家房渡口)라고 불리는
데 타이안현(대안현台安縣) 신카이허진(신개하진新開河鎭) 바이청쓰둔
(백성자돈白成子頓)에 있다. 이곳은 동쪽에서 남쪽으로 돌아 흐르는
대大랴오허강과 서남쪽에서 흐르는 류장강(류강柳江) 사이에 있어
두 강의 범람으로 침수가 빈번한데, 제방 공사로 침수를 막았고
약간 높은 구릉에 궁궐을 지었을 것으로 추정한다. 그러므로 양
쪽 강은 자연 요새의 해자 역할을 했을 것이다.

험독에서 만난 주민은, "어렸을 때의 기억으로 동성東城, 서
성西城, 남성南城, 북성北城이 있었고, 남성이 주된 성"이라고 말했
다. 성 동쪽에 마르지 않는 강이 흐르고, 동남 모서리에서 휘어
남벽을 따라 흐른다. 성의 동쪽에서 남쪽으로 돌아 흐르는 강이
바로 랴오허강이고 서남쪽으로는 류장강이 흐른다. 험독은 랴
오허강에서 가장 가까운 요새라는 점 때문에 그 중요성이 크게
부각되었는데, 현재 험독의 유적지에는 아무것도 남아 있지 않
다. 그것은 문화대혁명 때문이다.

"무덤이 있었는데 문화대혁명 때 모두 밀어버렸다. 옥수수 밭 안에 불룩 솟아오른 보루 흔적만 남아 있다."

쑨청쯔성의 규모는 동서 길이 230미터, 남북 길이 250미터, 높이 2미터, 면적은 5만 7,000평 정도다. 현지에서는 험독을 '고려성高麗城'이라 부른다. 이는 단군조선 이후 한나라를 거쳐 다시 고구려가 이곳을 점령했기 때문으로 추정한다. 이곳에서 화살촉, 도끼, 토기 같은 유물이 대량으로 발견되었고 고구려 기와 조각도 발견되었다. 이들 구역 내에서 최근 비석이 발굴되었는데 현지인의 말에 의하면 다음과 같다.

"마을에 계속 전해져온 말로 수나라가 당나라로 바뀔 때 이세민李世民은 여기에 살던 고려인에게 3년 안에 이 땅을 내놓으라고 명령했다. 고려인들은 3일 만에 살던 마을을 묻어버리고 떠났다."

현재 험독 즉, 쑨청쯔성은 옥수수 밭이 되었으나 밭이랑 사이에서 손쉽게 토기 조각을 발견할 수 있으며, 이제는 도랑으로 변했지만 옛 성터도 확인된다. 고려인들의 마을 무덤도 보이는데 옹관묘甕棺墓라는 게 특징이다. 옹관묘는 2005년 아오한기 지

오늘날의 쑨청쯔성 지역에 과거 험독이 있었을 것으로 추정한다. 이제 이곳은 옥수수 밭이 되어 과거의 흔적은 토기 조각과 옛 성터로만 확인할 수 있다.

역에서 3기가 발견되었고 1992년 험독에서도 1기가 발견되었는데 현재 아오한기 박물관에 수장收藏되어 있다.

유물의 연대는 기원전 300~400년(전국시대)으로 추정하는데 옹관묘는 마한, 백제시대의 유물로 서울 석촌동 유적에서도 발견된다. 랴오허강 유역인 위만조선의 도읍지 즉, 험독으로 추정하고 있는 타이안현 신카이허진과, 단군조선의 근거지로 추정하는 샤자뎬 하층문화의 네이멍구 츠펑시 아오한기 지역에서 옹관묘가 발견되었다는 것은 이들 간의 깊은 관련성을 느끼게 한다.

단국대학교 사학과 교수 서영수는 현재 험독이라 불리는 지역을 고조선의 수도라기보다는 전략적인 요충지라고 추정했다. 서영수는 험독이 위만조선의 수도가 될 정도라면 랴오허강 동쪽, 톈산 서쪽 지역이라야 타당하다고 말했다. 이런 지형에 적절한 곳이 오늘날 다롄(대련大連)에서 선양으로 가는 길목에 있는 가이저우와 하이청(해성海城) 일대다. 중국에서 가장 큰 고인돌이 있는 곳으로 북한은 이곳에 고조선의 부수도가 있다고 비정했다. 신채호는 하이청 부근이 평양, 즉 고조선의 수도라고 적었다.

가이저우와 하이청은 랴오둥 평원의 동쪽 끝에서 넓은 랴오둥 평야를 바라보고 있는데, 두 곳 모두 랴오허강을 서쪽으로 자연 방어선을 삼고 있으며 뒤쪽으로는 톈산산맥이 둘러싸고 있다. 랴오허강을 자연 해자로 삼고, 뒤로는 높은 산이 있어 수도로 삼기에 최상의 지리적 조건이다.

이들 지역을 험독으로 비정할 수 있는 자료도 발굴되었다. 청나라 초기 지리지인 『독사방여기요讀史方輿紀要』에 고조선의 수도인 험독의 경계가 랴오허강의 싼차강(삼차하三叉河)에 있다는 것이다. 싼차강은 훈허강(혼하渾河), 타이쯔강(태자하太子河), 랴오허강 즉 세 강이 교차한다고 해서 붙은 이름이다. 랴오둥 벌판 한가운데를 흐르는 랴오허강의 물길에 훈허강과 타이쯔강이 합류하는데, 이를 근거로 하면 험독은 하이청과 가이저우 지역이다. 고조선은 랴오둥의 가이저우, 하이청 일대에 수도를 두고 랴오둥 벌판과

훈허강(위)과 타이쯔강(아래)은 쌘차강에서 교차한다. 청나라의 지리지 『독사방여기요』에서는 쌘차강을 험독의 경계로 본다.

라오시 지역까지 지배했다는 뜻이 된다. 아쉬운 점은 현재 이곳
이 모두 도시화되어 정확한 위치를 찾을 수 없다는 점이다.[17] ✻

톺아보기

제스산

　　"낙랑군에 수성현이 있고 수성현에 갈석산이 있으며, 갈
석산이 있는 그곳이 바로 장성長城의 기점이다."

　　서진西晉시대 『진태강지리지晉太康地理志』의 기록은 낙랑
군·제스산·만리장성 등 한국 상고사의 핵심이 되는 주제가
포괄적으로 담겨 있다. 한국사에서 매우 중요한 산이자 천고
신악千古神岳으로 불리는 제스산은 모두 세 곳에 있다.

　　먼저 산둥성 무디현(무체현無棣縣)의 북쪽 30킬로미터 지
점 바닷가에 있는 제스산은, 높이 63.4미터로 무디산, 마구산
(마곡산馬谷山), 다산(대산大山)이라고도 부른다. 역사적으로
'구하지역九河地域'에 속하며, 바로 우禹임금이 구하九河를 소통
시켜 바다로 들어가게 한 곳으로 이를 '우공갈석禹貢碣石'이라
부른다.

다음 산은 랴오닝성 쑤이중현(수중현綏中縣)의 서쪽(산하이관에서 15킬로미터) 바다 가운데 있다. 이곳 제스산은 높이가 약 20미터 되는 바위다. 민간 전설에서는 만리장성을 쌓던 남편이 죽자 맹강녀孟姜女가 투신한 곳이라고 하여 '강녀분姜女墳'이라고도 부른다.

논란의 대상이 되는 곳은 낙랑군이 있었다는 수성현(현재 쉬수이현[서수현徐水縣])과 노룡현(현재 창리현[창려현昌黎縣])이다. 제스산의 위치는 시대에 따라 달라진다. 쉬수이현의 제스산은 서진西晉 시대의 제스산이고 노룡현은 수·당 이후의 제스산을 말한다. 그런데 쉬수이현에는 제스산이란 이름을 가진 산이 없으므로 바이스산(백석산白石山) 또는 랑야산(낭아산狼牙山)으로 비정하는데, 랑야산은 바이스산에 뻗어나간 지맥이다.

반면에 노룡현의 제스산에 관해서는 상당한 자료가 있다. 당나라 때 인물인 두우杜佑는 『통전通典』에서 "노룡현은 한나라 때의 비여현肥如縣이다. 갈석산이 있으니 바닷가에 우뚝 솟아 있으므로 이런 이름을 얻었다. 진晉나라 때의 『진태강지리지』[18]가 전하는 말처럼 진秦의 장성이 시작된 곳이다"라고

제스산임을 알리는 표지석. 제스산은 한국 상고사에서 매우 중요한 산이다.

기록했다.

　이곳 제스산은 높이는 695.1미터, 총면적은 480제곱킬로미터, 남북 길이는 24킬로미터, 동서 길이는 20킬로미터로 엄청난 면적을 자랑한다. 산은 창리현 현 정부 소재지의 봉우리들 사이에 원주형으로 우뚝 솟아 있는데, 하늘을 찌르는 기둥과 같다고 해서 이와 같은 이름이 붙었다. 능선의 기복이 커서 100여 개의 절벽과 봉우리가 형성되었는데 최고봉인 셴타이딩(선대정仙台頂)은 '한우타이(한무대漢武台)'라고도 하며,

속칭 냥냥딩(냥냥정娘娘頂)이라고도 부른다. 2,000년이 넘는

세월 동안, 진황秦皇, 한무漢武, 당종唐宗, 위무魏武 등 9대 제왕들

이 이곳에 올라 바다를 둘러보았으며, 돌에 그들의 공적을 새

겼다. 특히 진시황제는 네 차례에 걸쳐 순행에 올랐다.

　　한국사에 중요한 지표가 되는 낙랑군이 25개 현을 거느

린 거대 군이었음을 감안한다면, 수성현은 낙랑군의 서쪽 끝

현이 된다. 이에 따르면 낙랑군은 오늘날 허베이성 루룽현 일

대에서 보하이만 유역을 따라 서쪽으로 쉬수이徐水에 있으며,

진시황제는 무려 네 차례에 걸쳐 제스산 순행에 올랐다. 사진은 제스산에 있는 진
시황제 행궁 유지.

현재의 허베이성 친황다오시 · 탕산시 · 톈진시 · 바오딩시保定市를 아우른다. 한편 당 · 송 시대의 노룡현 소재 제스산은 본래 揭石山(게석산)이었는데 동한東漢 말에 碣石山(갈석산)으로 바뀌었다는 주장도 있다.[19] ❈

제 5
장

고조선 관련 유적 답사

강상무덤・누상무덤:
계급사회 고조선의 순장 풍습

고조선이 강력한 제국이었음을 알려주는 유물은 랴오둥반도 남쪽 끝 다롄 즉 랴오닝성 뤼다시(여대시旅大市) 간징쯔구(감정자구甘井子區) 허우무청역(후목성역後牧城驛)의 강상언덕에 있는 강상무덤과 누상무덤이다.

　강상무덤은 기원전 8~7세기경의 고조선 귀족의 무덤으로 추정하는데, 1964년 누상무덤과 함께 발굴되었다. 고조선 사회의 성격을 말해주는 대표적인 예인 강상무덤은 둥근 언덕 위에

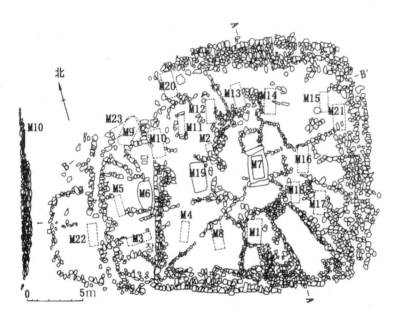

| 강상무덤 평면도.

검은 흙 섞인 자갈을 씌운 큰 돌무덤으로, 동서 약 28미터, 남북 20미터의 장방형 묘역 안을 다시 크기를 달리해 세 부분으로 나누었다. 그중 가장 동쪽에 있는 묘역에는 7호 무덤을 중심으로, 크기가 서로 다른 23개의 무덤들이 방사선 형태로 배치되어 있다. 구덩이마다 유골이 묻혀 있는데 발굴된 인골은 약 140명분이다.

주인 방과 3.5미터 간격을 두고 있는 2개의 널방은 다른 널방과는 달리 바닥에 판돌을 깔았는데, 이곳은 주인의 측근인 무사와 그 가족들의 무덤으로 추정한다. 또한 청동 거푸집이 발견된 널방은 청동 주조에 종사하던 노예, 가락바퀴를 부장한 널방은 직조에 종사하던 노예를 순장한 것으로 예상한다. 부장품으로 6개의 비파형 동검, 창끝, 화살촉, 비녀, 청동기를 만드는 거푸집과 장식품 등 총 20여 종 874점의 유물이 발굴되었다. 이 무덤을 통해서 고조선 사회의 청동기 문화가 매우 발달했고, 노비가 존재했으며 많은 사람을 순장시킬 수 있을 정도로 강력한 권한을 가진 귀족이 있었음을 알 수 있다.[20]

누상무덤은 강상무덤보다 다소 늦은 기원전 7~5세기경 무덤으로, 언덕 위를 평평하게 고른 다음 동서 30미터, 남북 20미터의 직사각형으로 묘역을 만들었으며, 가장자리에는 석회암 판석을 가지런히 둘러놓았다. 파손이 심해 정확한 원형을 파악할 수 없지만 2개의 주 널방과 그 주위로 작은 널방 8개가 있다. 중앙의 널방에서 2명의 인골이 출토되었고 나머지 널방에서도 2~3명부터 15명에 이르는 인골이 발견되었다. 전체적으로 약 50여 명분의 인골이 발굴되었는데, 중앙의 2개 무덤이 주인공이고 주변 무덤들은 순장된 것으로 보인다. 부장품으로 여덟 자루의 청동 단검, 마구馬具류와 수레 부속품, 방패, 활촉, 도끼, 끌, 장식품 등 160여 점의 청동기가 발견되었는데 강상무덤과 마찬

누상무덤의 직사각형 묘역. 이곳에서는 대량의 인골이 발견되었다.

가지로 순장당한 널방에는 부장품이 매우 적었다.[21]

원래 두 무덤은 바닷가에 있었는데 바다가 후퇴해 대지로 변하는 바람에 현 위치로 이동했다. 학자들이 주목하는 것은 강상무덤과 누상무덤이 랴오둥반도 남쪽 끝에 있고, 앞에서 설명한 가이저우와 하이청에서 멀지 않은 곳에 있다는 점이다. 이 무덤의 주인은 왕이 아니라 당시의 지방 귀족으로 추정하는데, 지방 귀족의 묘에서 이 같이 많은 순장자가 나온 것을 보면, 왕을 비롯한 중앙부의 고관들은 더 많은 사람을 순장시켰을 것으로 추정한다.[22] ✤

고인돌: 굳건히 선 고조선의 유산

한국은 '고인돌의 나라'라고 불러도 좋을 만큼 많은 고인돌이 전국에 산재한다. 황해도 은율殷栗과 평양 등 북한에만 1만 4,000기 정도가 있고, 강화도와 전남 화순, 전북 고창 등지를 중심으로 남한에 2만 4,000기 정도가 있다고 알려져 있다. 거기에 수몰 지구를 발굴하면서 바깥으로 옮겨놓은 고인돌을 모두 더하면 남·북한 합쳐서 5만 기 이상으로 추정된다. 전 세계에 산재한 고인돌은 약 8만 기로 추정되며, 거석 유물이 많다고 알려진 아일랜드도 고인돌은 1,500기뿐이라는 것을 보면 5만 기가 대단한 숫자임을 알 수 있다.[23] 일본의 고고학자인 고모토 마사유키가 1960년대 한반도에는 고인돌이 8만 개 이상 있었다고 말한 것을 볼 때, 한국에 얼마나 많은 고인돌이 있었는지를 알 수 있다.

고인돌은 한자로 지석묘支石墓라고 하는데 지석은 지탱하는 돌, 우리말로 굄돌이라는 뜻이다. 따라서 고인돌은 뚜껑돌을 지탱하는 돌이 있는 무덤이라는 뜻으로, 어원상 고임돌이 고인돌로 변한 것이다. 영어로는 Table Stone이라고 한다. 켈트어로는 탁자란 뜻의 Dol과 돌이란 뜻의 Men을 합쳐서 '돌멘Dolmen'이라고 부른다.

고인돌이 다른 무덤과 구별되는 가장 큰 특징은, 무덤에 뚜껑돌을 덮고 그 밑에 매장부를 두고 뚜껑돌을 받치는 굄돌을 매장 주체부 위에 둔다는 점이다. 특히 랴오둥 지역과 한반도 서북 지방에서 발견되는 고인돌은, 얇게 잘 다듬은 판돌로 상자 모양의 벽체를 쌓고 그 위에 넓은 뚜껑돌을 덮는 탁자식(북방식)으로 거대한 조형물이나 제단 같은 형태를 하고 있다.[24] 한마디로 고인돌은 겉으로는 단순해 보이지만 매우 치밀한 기초공사가 필요한 구조물이다.[25]

한국 고인돌의 연대는 주로 랴오닝, 지린吉林, 한반도 지역으로 구분해 연구하는데, 고인돌의 연대 측정은 단군조선의 연대가 단군시대로 올라가는 데 결정적인 역할을 했다. 북한은 고인돌과 그 부장품의 절대연대 측정값을 여러 가지 측정법을 통해 1990년대부터 발표하고 있다. 가장 오래된 침촌형沈村型의 경우 기원전 4000년대 후반기에 생겨나 기원전 3000년까지 성행했다고 추측하며, 이는 고인돌이 적어도 5,000년 전부터 건설되었다는 것을 뜻한다. 이들 모두 큰 틀에서 고조선의 유산임이 틀림없다.[26] 고인돌은 현재 랴오둥으로 불리는 지역에서만 발견되고 랴오시 지역에서는 발견되지 않는다. 반면에 비파형동검은 랴오둥, 랴오시 양쪽에서 발견된다. 그리하여 양쪽 다 홍산문화의 후예임에도 비파형동검과 고인돌이 다소 다른 길을 걸어 보급되다가 접목되었다고 추정하고 있다.

　고인돌은 고조선의 핵심 지역인 가이저우와 하이청에서 두드러지게 발견되는데, 이 책에서는 그중 가장 돋보이는 고인돌을 찾아간다. 중국의 고인돌이 고조선과 직접 연계되는 것은 고조선의 성격을 가늠할 수 있는 비파형동검·미송리형토기 등이 부장품으로 발견되기 때문이다.

가이저우 스펑산 고인돌

　중국 잉커우(영구營口)광역시 가이저우시 얼타이진(이대진二臺鎭) 스펑산(석붕산石棚山) 인근에 있는 고인돌은 중국 최대 크기의

스펑산에서 바라본 가이저우시의 모습.

고인돌로, 다롄에서 선양으로 가는 길목 중앙 지점에 있다. 주변은 사과나무 과수원인데 산 정상에 있어 먼 지역을 조망할 수 있는 천혜의 지형에 있다.

'허가둔석붕許家屯石棚' 또는 '구새석붕九塞石棚'이라고도 불리는데 덮개돌의 길이는 8.6미터로 중국 최대 크기이며 폭은 5.7미터, 두께는 0.3~0.5미터로 재료는 화강암이다. 동·서·북 삼면은 마면 석판으로 둘러쳐 있는데 석판(굄돌)의 동서 길이는 2.6미터, 남북의 길이는 2.66미터이며 두께는 0.17~0.20미터다. 석판 밖으로 덮개돌이 처마를 이루고 있어 전체적으로 웅장함이

느껴진다.

괸돌과 마구리돌은 안쪽으로 조금 기울어 사다리꼴이며 덮개돌과 맞물리는 곳에 틈이 없어 고조선 지역의 어느 고인돌보다 안정감을 준다. 돌방石室은 275x270센티미터이며 바닥에 깨진 돌 조각이 깔려 있는데 지표보다 약간 높다. 천장에 채색화가 그려져 있으나 이것은 그려진 지 얼마 되지 않은 것이다. 이 고인돌은 3,000여 년 전의 청동기시대 유적으로, 중국 '전국중점문물보호물' 즉, 국보로 지정되어 있다. 안내판에는 중국 최초

| 스평산 고인돌은 중국 최대 크기의 고인돌이다.

의 지상 축조물이라고 설명하고 있다.

　석붕이 있는 곳은 과거에 고운보사古云寶寺라는 절이 있었던 곳으로 굄돌과 덮개돌에 기호와 얼굴이 새겨져 있다. 이것이 고인돌 축조 당시에 새긴 것인지 후대 사람들이 이곳을 종교 장소로 이용하면서 새긴 것인지는 분명하지 않지만, 고인과 연관이 있으리라 추정한다.[27] 현재도 이곳에서 제사나 기도를 드리는 사람들이 많이 있다. 과거에는 길이 좋지 않아 찾는 데 힘이 들었지만, 현재는 와팡瓦房 고속도로의 리관李官 인터체인지에서 빠져나오면 약 15분 거리에 있다. 찾기 어려울 때 근처 주민에게 물어보면 현장을 잘 안내해준다.

다스차오 스펑위 고인돌

　스펑위 고인돌은 잉커우광역시 다스차오시(대석교시大石橋市) 후좡진(호장진虎庄鎭) 스펑위촌(석붕욕촌石棚峪村)의 높다란 구릉에 있으며 스펑산 고인돌에서 약 20분 거리에 있다. 스펑산 고인돌보다는 다소 작지만 먼 곳에서도 독보적으로 보일 정도로 사방이 잘 보이는 곳에 있어서 중국에서 매우 중요하게 생각하는 탁자식 고인돌이다.

　고인돌은 40~50센티미터 높이의 사각형 단(8x6미터) 위에 있으며 재료는 화강암질 편마암이다. 덮개돌은 반듯한 네모꼴

스펑위 고인돌 옆에서는 토기 조각이 발견되었다.

로 길이 4미터, 폭 4미터, 두께 0.44미터이며 스펑산 고인돌처럼 석벽에서 덮개돌이 상당 부분 처마처럼 뻗어 있다. 남쪽과 북쪽의 굄돌은 화강암인데 손질을 많이 해 매끈하다. 사다리꼴이며 안쪽으로 약 5도쯤 기운 굄돌이 비스듬하게 서 있는데 이는 굄돌이 덮개돌의 힘을 안정되게 받도록 하기 위해서다.

무덤방은 240x240x185센티미터이며 동서 방향인데 동쪽에 문이 있었을 것으로 본다. 바닥에는 185x229x30센티미터의 넓적한 돌이 깔려 있는데 서쪽 벽과는 잇닿아 있지만 동쪽과는

10~45센티미터 틈이 있다.

덮개돌 남쪽과 북쪽 끝 부분에 보이는 홈은, 남쪽 것은 너비 10센티미터, 깊이 5센티미터 크기로 세 줄이고 북쪽 것은 두 줄로 희미하다. 이것은 덮개돌을 운반할 때 줄 같은 것을 묶어서 쉽게 옮기기 위해 파놓은 것으로 보인다. 또한 덮개돌 북쪽 굄돌이 맞닿는 곳에 한 줄의 붉은 선이 있는데, 고인돌을 효과적으로 세우기 위한 기호로 해석하기도 하지만 이 줄이 고인돌 축조 당시의 것인지는 아직 확인되지 않았다. 고인돌 옆에서 검은색 토기 조각과 굽이 있는 토기 잔편殘片들이 발견되었다.[28] 스펑위 고인돌 역시 3,000여 년 전의 것으로 추정되는데 무덤이나 제사와 종교 활동처로 쓰였으리라 비정한다.

하이청 시무청 고인돌

시무청 고인돌은 하이청시 시무진(석목진析木鎭) 다다오위촌(달도욕촌達道峪村) 서북쪽의 구싸오스촌(고수석촌姑嫂石村)에 있는 구싸오스산 남쪽 비탈의 구릉에 있다. 고수석이라 해 2기가 있었는데 고석姑石은 현재까지 남아 있지만 수석嫂石은 파손되어 쓰러져 있다. 고석은 축조 기술이 랴오닝 지역의 어느 고인돌보다도 뛰어나 일찍부터 잘 알려졌다.

현존하는 고석은 덮개돌과 굄돌 등 재료가 모두 화강암이

시무청 고인돌은 문돌 위쪽에 두 줄의 작은 구멍이 있는 게 특징이다.

며 매끄럽게 갈아 반질반질하다. 크기 580x520센티미터, 높이 20~50센티미터의 덮개돌은 긴 사각형이며 굄돌과 마구리돌 밖으로 나와 처마를 이룬다. 굄돌이 덮개돌과 잘 맞물려 있는데, 다스차오 스펑위 고인돌처럼 안쪽으로 3도 정도 기울었으며 두 굄돌의 남쪽 가장자리에 길이 50센티미터, 너비 5센티미터의 홈이 있다. 이 홈은 굄돌과 마구리돌이 잘 맞물리도록 축조 당시에 만든 것으로 추정한다.

　시무청 고인돌의 북쪽 마구리돌은 271x224센티미터, 두께 30~40센티미터이며, 굄돌 밖으로 15센티미터쯤 나와 있다. 남쪽 마구리돌은 165x115센티미터, 두께 20센티미터인데 덮개돌까지 이어져 있지 않고 위쪽에 80센티미터 정도 빈 공간이 있다. 위쪽 끝이 둥글게 손질되었고 마구리돌 50센티미터 앞에 판자들이 있어 고인돌을 축조할 당시부터 완전히 폐쇄하지 않은 것으로 추정한다. 무덤방은 220x160x224센티미터이며 방향은 남동 45도다. 바닥에는 220x160센티미터, 높이 25센티미터의 넓적한 돌이 지표보다 25센티미터가량 높게 깔려 있다.

이 고인돌의 특징은 마구리돌 앞에 넓적한 돌이 있다는 것이다. 이 돌이 빈 공간으로 남아 있는 부분을 막는 문돌石門 기능을 한 것으로 추정하는데, 이 문돌 위쪽에 두 줄의 작은 구멍 33개가 보인다. 구멍의 크기는 큰 것이 지름 4센티미터, 깊이 2센티미터 정도인데 이들 구멍에 대해 다음과 같은 설명이 있다.

① 후세 사람들이 제사를 지낸 횟수의 기록
② 제사 지낼 때 쓰던 제물 가운데 짐승을 죽인 횟수의 기록
③ 무덤에 묻힌 사람의 재산에 대한 기록
④ 무덤에 묻힌 사람의 공훈 정도
⑤ 물의 침식에 의한 자연스러운 흔적

이 설명 중 어느 것도 구멍이 만들어지게 된 이유를 명확하

게 설명할 수 없지만, 이런 구멍은 당시 사회에서 보편적으로 이
루어지던 '묻기'와 연관이 있다고 해석한다. 고인돌 인근에서
검은색과 홍갈색 토기 잔편, 돌도끼 등이 발견되어 이곳에서 여
러 유물들을 전달했을 것으로 추정한다.[29] ✿

무씨사당: 돌에 새긴 건국신화

단군이 기록되어 있는 『삼국유사』의 기록이 워낙 늦다는 것이 한국사의 발목을 잡은 것은 사실이지만, 『삼국유사』 이전에 단군에 대한 흔적이 전혀 없는 것은 아니다. 우선 고구려 벽화에서도 단군의 흔적을 찾아볼 수 있다.[30]

　장천長川 1호분은 단군신화의 재미있는 변형을 보여준다. 나무 아래 굴속에 곰 한 마리가 웅크리고 있다. 단군신화에 나오는 대로 사람이 되기 위해 마늘과 파만 먹으면서 100일이 지나기를 기다리고 있다. 굴 바깥에는 마늘과 파만으로는 배고픔을

견딜 수가 없어서 굴을 뛰쳐나간 호랑이가 묘사되어 있다. 굴 안에 배고픔이 있다면 굴 밖에는 치열한 생존경쟁이 있다. 굴 밖으로 뛰쳐나간 호랑이를 기다리고 있는 것은 무사들의 화살이다.

각저총角抵塚의 벽화에도 호랑이와 곰이 나타난다. 이 벽화는 두 씨름꾼이 맞붙어 싸우는 왼쪽 나무 아래 곰과 호랑이가 등을 돌리고 서 있다. 나뭇가지의 수많은 열매와 형상들은 두 부족의 싸움에서 승리한 쪽이 가질 수 있는 전리품을 상징한다고 볼 수 있는데, 이 역시 단군신화의 내용을 가리키는 것이다.

단군과 관련된 내용은 비단 고구려 벽화에만 나오는 것이 아니다. 단군 탄생 설화에 대한 증거는 한국이 아니라 중국에서

| 무씨사당의 전경.

발견된다. 기원후 17년부터 168년까지 4대를 모신 후한後漢시대 무씨 집안의 무씨사당은 산둥성 자샹현(가상현嘉祥縣)에서 동남쪽으로 11킬로미터 정도 떨어져 있는 우자이산(무적산武翟山) 아래 우자인산춘(무택산촌武宅山村) 북쪽에 있다. 언젠가 하수가 범람해 토사가 밀리는 바람에 한때 흙속에 묻혀 있다가, 청나라 건륭 51년(1766)에 황역黃易이라는 사람이 발굴해 벽돌로 사당을 세우고 내부 벽에 화상석畫像石을 끼워 전해져 내려오고 있다. 화상석에는 중국의 삼황오제를 비롯해 충신, 효자, 의사, 절부 등의 사적이 새겨져 있고 그 옆에 간단한 설명이 있다.

이 중에서 한국인의 주목을 끄는 것은 후석실後石室의 제2석과 제3석이다. 프랑스의 동양학자 에두아르 샤반Édouard E. Chavannes은 1907년 중국 북부를 여행하며 유적과 유물의 사진을 찍고 그것을 탁본한 조사 결과를 『북중국 고고학 조사』를 통해 발표했는데, 그중에는 무씨사당 화상에 관한 상세한 기술이 있다. 청조 때 사람 풍馮씨 형제는 『금석색金石索』의 석색편石索編에서 이 기술을 소개했는데, 그들은 중국 고전에 나오는 인물과 설화에 나오는 동물을 인용해 비교적 상세한 설명을 덧붙였다.[31]

무씨사당은 문화대혁명 이후 국가문화재로 지정되어 내가 방문했을 때는 일반에게도 공개하고 있었다. 화상석은 무씨사당 동서남북 네 벽에 모두 26개가 끼워져 있는데, 『삼국유사』에 나오는 단군 탄생 설화의 첫머리에 나오는 장면도 있다.

　"아버지가 아들의 뜻을 알고 삼위태백을 내려다보니 인간
을 널리 이롭게 할 만한지라. 이에 천부인天符印 3개를 주어 가서
다스리게 했다."

　후석실 제2석에서, 구름 위에서 지상을 내려다보고 있는
두 사람 중 수염 있는 남자가 환인桓因이고, 환인의 오른쪽에서
세 번째 천사가 들고 있는 3개의 구슬은 환웅이 받아온 3개의
천부인을 의미한다. 그림 아래쪽 우측의 세 봉우리는 삼위태백
이다.

　제3석 3층의 이인기수異人奇獸 그림은 단군 탄생 설화를 그
린 것으로 알려진다. 이 그림은 천상에 있는 것도 아니고 날개를
달고 있는 것도 아닌 것으로 보아 지상의 일을 담고 있다. 그림
의 중심은 우측에 있는 두 괴인인데 화면의 모든 인물이 그곳을
향해 있다. 두 괴인 중 오른쪽이 호랑이고 왼쪽이 곰이다. 그중
호랑이가 조그만 새끼를 왼손으로 쥐고 입 가까이 대고 있는 장
면이 있다. 이를 중국에서는 사람을 먹는 식인상으로 보았다.
그러나 한국에서는 장례식 행렬 중의 방상시方相氏로 간주한다.
방상시는 구나驅儺(악귀 쫓는 의식)를 할 때의 나자儺者(나례를 베푸는

후석실 제2석(위). 상단 왼쪽 원이 환인이고 오른쪽은 3개의 천부인을 든 천사다.
후석실 제3석 3층(아래). 원의 왼쪽이 곰, 오른쪽이 호랑이다.

연희자)를 이르는데, 무덤의 악귀를 쫓는 데 등장했다. 초대 국립
중앙박물관장이자 고고학자인 김재원은 이 그림을 두고 아기를
먹는 것이 아니라, 입에서 아기를 끄집어내는 탄생의 의미라며
정반대로 해석했다.

제3석 4층은 『삼국유사』의 기록 그대로, 단군 탄생 후의 고
조선 건국과 국가 경영을 유추할 수 있는 대목으로 추정한다. 마
상에 앉아 민생을 살피는 귀인은 단군으로 볼 수 있고, 곡물의

후석실 제3석 4층. 원 안의 말 탄 사람을 단군으로 추정한다.

이삭을 상징적으로 한쪽 어깨에 메고 있는 사람, 짐승을 잡거나 메고 가는 사람 등이 농업과 수렵과 목축업에 종사하는 백성들의 모습을 사실적으로 묘사하고 있다. 환웅이 아버지 환인에게서 물려받아 내려온 홍익인간의 이념을 이 땅에 구현하고 있는 장면이라는 설명이다.[32]

무씨사당의 화상석이 출토된 곳이 산둥성 근처라는 것은 매우 특기할 만한 일이다. 이는 2세기 무렵 중국 산둥성 지역에서도 단군신화를 알고 있었다는 뜻인데, 우리역사문화연구소장인 김용만은 산둥반도에서 굳이 단군에 대한 내용을 그린 것은 고조선의 문화가 깃들어 있었기 때문이라고 추정했다.[33] 이 화상석은 일연 스님이 『삼국유사』에서 단군을 창작했다는 일부 주장이 얼마나 터무니없는 이야기인지를 설명할 때 부단히 제시한 자료이기도 하다. ✿

진개묘: 기자조선 흥망의 흔적

고조선 말기의 역사는 연나라와의 혈투로 시작한다고 볼 수 있는데, 그 주인공은 연나라 장군 진개다. 『사기』에 의하면 진개는 소왕昭王대의 장군으로, 한민족과 깊은 연계를 가진 동호東胡와 고조선을 공격해 동쪽으로 약 1,000리를 패주시켰다. 또한 조양에서 양평襄平에 이르는 장성을 쌓고 점령지에 상곡군, 어양군, 우북평군, 요서군, 요동군을 설치했다고 한다.

기원전 300년 무렵 중국에는 문물과 제도를 갖춘 전국이 7개국이었는데, 그중 3개국(연·조·진)은 기마민족인 흉노와 경

계를 맞대고 혈투를 벌일 정도로 강국이었다. 진개는 전국시대
의 종말을 의미하는 진시황 때 역사의 한 획을 장식하는데, 형가
荊軻와 함께 진시황을 죽이려 갔던 진무양秦舞陽은 진개의 손자다.
진수陳壽의 『삼국지』 「위지동이전魏志東夷傳」에도 연나라 진개가
고조선을 공격했다고 기록되어 있다.

"그 뒤 (조선왕의) 자손이 점점 교만하고 포악해지자 연나라
장군 진개를 파견해 고조선의 서쪽 지역을 침공하고 2,000여 리

진수의 『삼국지』.

의 땅을 빼앗아 만번한滿番汗지역을 경계로 삼았다. 마침내 고조선의 세력은 약화되었다."

이곳에는 2,000여 리의 땅을 점령했다고 적었지만 다른 사료에서는 모두 1,000여 리로 적혀 있다. 전한前漢의 선제宣帝 때 환관桓寬이 편찬한 『염철론鹽鐵論』에도 "연나라가 동호를 공격해 1,000리를 물러나게 했고 랴오둥을 지나 동쪽으로 조선을 공격했다"고 기록하고 있다. 이 기록에 따르면 동호와 조선은 별개의 나라다.

이때의 조선이라 함은 기자조선이며 기원전 281년경은 위만조선(기원전 194~108)이 개국되기 전이다. 연나라 진개의 침입 후 고조선의 국경선이 롼허강에서 다링강으로 이동하면서 도읍지를 '물 흐름이 험險하고 뚝瀆이 있는 장소' 즉, 험독險瀆으로 옮겼다.

연나라 소왕 후기에 수축修築한 연장성을, 젠핑(건평建平) 북부와 츠펑 남부까지를 네이샨창성(내선장성內線長城) 또는 츠난(적남赤南)창성, 네이멍구 잉진강 일대와 츠펑 북쪽까지를 와이샨(외선外線)창성 또는 츠베이(적북赤北)창성이라고 부르는데, 이중 네이샨창성은 진개장군이 동호를 멸망시킨 후 5군을 개설할 때 수축했다고 한다.[34]

2000년에 중국문물국은 만리장성을 넘어 다링강으로 가는 길목인 랴오닝성 젠창현 둥다장쯔촌東大杖子村에서 발견된 54기의 적석목곽묘에서 전형적인 청동단검을 발견했다. 이들 유물은 기원전 4세기 말에서 기원전 3세기 중엽에 제조된 것이다. 랴오닝성 문물고고연구소 명예소장 궈다순郭大順은 고조선의 전형적인 석곽묘와 손잡이를 황금으로 만든 청동단검이 전국시대 후기(연나라)의 전형적인 청동기들과 함께 발굴되었다고 발표했다.

학자들이 이 유물에 주목하는 것은, 가장 서남단에 있는 청동단검이 분포 유적이라는 점과 고분 주인의 신분이 높은 점 등을 볼 때, 이 무덤의 주인이 연나라시대의 군사장령軍事將領, 즉 장군의 무덤이라고 추정하기 때문이다. 무덤의 규모나 시대, 유물, 문화 양상을 검토할 때 연나라 장수 진개의 무덤일 수도 있다는 설명이다.

그런데 동호와 고조선에 대한 진개의 공격은 상당한 의문점을 남긴다. 만리장성 너머 랴오시 지역에서 전형적인 연나라 유적이 보이지 않기 때문이다. 고고학자 천핑陳平은 "이우뤼산을 기점으로 동쪽으로는 전국시대 연나라 문화의 전형적인 유적·유물이 보이지 않는다. 이를 볼 때 연나라 희왕喜王 33년(기원전 222년)에 랴오둥으로 피신하기 이전에는 연나라가 랴오허강을 건너 랴오둥 지역에 진입하지 못했다"고 주장했다. 진개에 의해

라오닝성 젠창현 둥다장쯔촌에 있는 진개묘 추정 지역.

고조선이 상당한 피해를 보았지만, 이런 격변에도 불구하고 고조선 제국 전체에는 큰 영향을 미치지 못했다는 뜻이다.[35]

진개묘 추정 지역을 찾는 것은 어렵지 않다. 라오닝성 젠창현 둥다장쯔촌을 GPS로 찾으면 간단하게 찾아갈 수 있다. 현장이 길가에 있으므로 마을 주민들에게 물어보면 바로 알려준다.

✿

제 2 부

끊임없는 고조선 논쟁

제 1 장

기자조선과 위만조선 논쟁

현재 일반적으로 사용하고 있는 고조선이라는 칭호는 원래 국호가 아니며, 정확한 호칭은 조선이다. 1392년에 건국된 이성계의 이씨조선과 구분하기 위해 고조선이라 명명된 것이다. 한국사에서 고조선은 중심지가 어디인지도 큰 관건이지만 2,000여 년이나 되는 단군조선의 성격과 체제가 어떻게 진행되었는지도 핵심 의문이다.

그 의문의 첫 번째는 단군왕조가 단일했는지 그렇지 않으면 구분되는 시기가 있는지다. 그 두 번째는 기자조선箕子朝鮮과 이를 탈취한 위만조선衛滿朝鮮이 고조선을 승계했는지 그렇지 않았는지다.

『삼국유사』는 2,000여 년간 고조선이 단일 왕조를 유지했다고 설명한다. 이에 이의를 제기하는 쪽에서는, 현실적으로

2,000여 년 동안 단일 직계가 계속되는 것은 거의 불가능하므로, 정말로 그랬다면 증거가 있어야 한다고 말한다. 단일 왕조를 주장하는 측은, 비록 명백한 증거를 제시할 수는 없지만 중간에 어진 사람이 있어 단군왕조가 이어졌다고 설명한다.

반면에 구분되는 시기가 있다는 측은 단군왕조를 전·후기로 구분해 전기를 대체로 1,100년, 후기를 1,000년 정도로 비정한다. 『삼국유사』보다 뒤에 편찬된 이승휴李承休의 『제왕운기帝王韻紀』에서는 고조선의 군주를 둘로 나누어 단군이 다스린 조선(단군조선)을 전前조선, 기자가 다스린 조선(기자조선)을 후後조선으로 구분해 불렀다. 이런 시각은 조선시대에도 이어져 전조선과 후조선이라는 명칭이 널리 사용되었다. 이승휴는 고조선을 전조선−후조선−위만조선(일부에서는 위만조선이 아니라 위씨조선으로 설명한다)기로 나누고, 전조선의 시작을 단군, 후조선의 시작을 기자로 보았다. 소중화小中華 의식이 강했던 조선에서 기자는 고조선의 시조로 추앙되기도 했다.

고조선의 대동강중심설을 주장하는 북한도 단군시대를 둘로 나눈다. 단군조선(전조선)이 1,500여 년 이상 계속되다가 후조선왕조에 의해 교체되었다는 것이다. 그런데 북한은 후조선이 기자에 의해 교체되었다는 것을 강력히 부정하고 기자조선 자체가 순전한 위작이라고 설명한다. 그러면서 후조선을 세운 인물이 누구인지는 알 수 없지만 전조선 왕실과 혈연적 관계가 없는 집안 출신으로 비정했다. 적어도 내전과 같은 큰 충돌 없이 교체가 이루어졌을 것이라는 설명이다.

단군은 고조선을 1,500년간 통치한 다음 장당경藏唐京으로 가서 1,908세까지 살았다고 하는데, 이 말은 수백 년 동안 전조선의 왕족들이 종전처럼 군주 대우를 받으며 살았음을 의미한다. 즉 후조선은 단군조선(전조선)의 계승국이므로 새 왕조의 수도도 여전히 '조선'이었다는 것이다.[1] 이런 예는 고구려에서도 보인다. 고구려는 건국 이후 오랫동안 연나부椽那部 출신의 옛 고구려 왕 후손들이 독자적인 종묘사직을 가지고 국왕과 같은 생활을 할 수 있게 해준 실례가 있다. ❋

두 번째 질문의 핵심은 둘로 나뉜다. 첫째는 고조선을 승계한 기자조선을 멸망시킨 위만조선이 한나라 무제武帝 때 다시 정복당해 바로 그 지역에 한사군漢四郡이 설치되었으므로, 고조선은 이때 멸망했다는 것이다. 둘째는 기자조선과 위만조선은 고조선 제국의 변방 중 변방인 일개 지역의 제후국 정도로, 고조선을 승계하지 않았다는 것이다. 위만조선이 한나라 무제에 정복되어 한사군이 설치된 것은 사실이지만, 이때 멸망한 것은 고조선 변방에 있던 제후국으로 고조선은 한사군이 설치된 당시에도 존재했다는 것이다.

한국사에 이 문제가 커다란 쟁점인 이유는, 전자가 사실일 경우 한사군이 대동강 유역에 설치되었다는 것을 뜻하고, 후자가 사실일 때는 한사군이 고조선의 변방 즉 한반도와는 전혀 다른 곳에 있었음을 뜻하기 때문이다. 문제의 관건은 고조선 멸망과 기자조선, 위만조선을 어떻게 연결하느냐다.[2] 은나라의 기자는 기원전 1046년 기자조선이 주나라에 멸망하자 이에 불복하고 주나라를 떠나 고조선으로 망명한다. 기자조선은 기록대로라면 기원전 1100년경 기자가 은에서 고조선으로 망명해 건국되었고, 기원전 195년 위만衞滿에 의해 멸망되었으므로 900여 년간 존속한 장수 국가이기도 하다.

　기자가 주나라를 떠나면서 주나라의 무왕武王에 의해 조선의 후侯로 봉해졌다고 하는데, 이 조선의 후 지역이 어딘지가 고조선사를 포함한 한국사의 쟁점이다. 기자조선의 명칭이 한국사에 상당한 혼동을 가져오는 것은 '기자'라는 중국 역사상의 인물과 '조선朝鮮'이 결합되었기 때문이다. 당나라 『배구전裴矩傳』에 "고려高麗는 본래가 고죽국孤竹國이었는데 주나라가 기자를 봉함으로써 조선朝鮮이라 했다"는 기록이 있다. 이는 고죽국과 조선이 합해지고 이후 기자조선으로 알려지면서 단군조선의 법통을 이었다는 주장과 함께 한국사를 혼동스럽게 만든 주장이다.

　기자는 한국사에서 상당한 굴곡진 대우를 받았다. 고려와 조선시대에는 기자조선의 실체를 인정했고 오히려 한민족으로서 기자의 후손이라는 데 만족감을 표명했다. 그러나 일제강점기를 거쳐 광복 이후 사학계에서는 이를 부정하는 견해가 지배

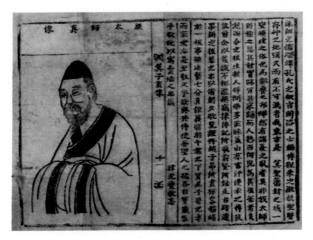

은나라에서 망명한 기자가 세웠다는 기자조선의 실재에 대한 논란은, 고
조선사의 핵심 쟁점 중 하나다.

적이었다. 북한은 대동강중심설을 기조로 하므로 기자조선을
원천적으로 부정한다. 『조선전사_{朝鮮全史}』에서는, "우리 선조들이
자신의 힘으로 문명을 개척하고 발전시켜왔는데, 고조선 문명
이 외국인에 의해 시작되었다니 도대체 무슨 이야기"냐고 반문
한다.

　일찍이 공자는 "은에는 미자_{微子}와 기자, 비간_{比干} 등 3인_仁이
있었다"라고 말했으며 『사기_{史記}』의 「송세가_{宋世家}」에는 다음과
같은 글이 있다.

"기자는 주紂왕의 친척이다. 기자는 주왕이 처음으로 상아 젓가락을 사용하기 시작하자 장탄식했다. '상아 젓가락을 쓴다면 조금 뒤엔 보옥寶玉으로 된 잔杯을 만들 것이고, 그 후에는 지방의 진귀한 물자를 욕심낼 것이다. 더 조금 뒤에는 수레와 말, 궁실의 사치로움이 도를 넘어 그 폐해는 구제할 길이 없을 것이다.'"

기자는 주왕에게 간언했고, 이것이 통하지 않자 머리를 풀어헤치고 미친 척했다. 그러다가 주왕에게 이 사실이 들켜 노예가 되었다. 풀려난 뒤에는 슬픔에 잠겨 거문고를 켜며 세월을 보냈다.

주나라 무왕이 상(은)나라를 멸한 2년 뒤 기자를 찾자, 기자는 '홍범구주洪範九疇(백성을 안정시키는 하늘의 큰 법칙 9가지)'를 무왕에게 설명했다. 기자는 '정치란 하늘의 상도常道인 오행五行·오사五事·팔정八政·오기五紀·황극皇極·삼덕三德·계의稽疑·서징庶徵·오복五福 등 구주九疇에 의해 인식되고 실현된다'고 설파했다. 이렇게 한 수 지도를 받은 "무왕은 기자를 조선에 봉했고 그를 신하의 신분으로 대하지 않았다武王乃封箕子於朝鮮, 而不臣也"고 사마천은 『사기』에 적었다.

이 기록이 바로 한민족사에 논란을 일으키는 대목이다. 이

해석이라면 무왕이 기자를 조선 땅에 봉하면서 신하로 여기지 않을 만큼 존경했거나, 혹은 조선을 주나라의 제후국으로 여기지 않았다는 뜻이 된다. 그런데 학자들은 '이불신야而不臣也'라는 대목은 "기자가 조선 땅에 봉해졌지만 신하 되기를 거부했다"고 해석할 수도 있다고 설명한다. 이 해석이라면 조선에 봉했지만, 기자가 주나라의 제후국임을 거부하고, 독립된 나라를 세웠다는 이야기가 된다. 여기서는 기자가 세웠다는 독립된 나라가 단군조선인지가 핵심으로, 기자조선이 위만조선으로 이어지는 바람에 더욱 혼란을 가중시킨다.

기자에 대한 언급은 한나라 초 복생伏生이 쓴 『상서대전尚書大傳』에 처음 나온 이래, 사마천의 『사기』나 1세기 중엽의 반고班固가 쓴 『한서漢書』에도 등장하는 등 비교적 빈번하다. 2세기 중엽에 집필된 『위략魏略』에서는 고조선의 왕이 기자의 후손이라고 기록했고, 진수陳壽의 『삼국지』에서는 고조선 준왕을 기자의 40여 대 후손이라고 적었다. 한국의 자료로는 『삼국유사』, 『고려사』, 『기자지箕子志』, 『기자실기箕子實記』, 『기전고箕田考』, 『진단통기震旦通紀』, 『오주연문장전산고五洲衍文長箋散稿』 등에서, 주 왕실이 기자를 조선에 봉했으며 기자 무덤을 찾고 사당을 세워 제사를 지냈다고 적었다.[3] 한마디로 기자는 조선시대까지 한민족의 선조로 우대받았다.

이들 논란을 앞의 설명으로 다시 정리해보면, 은나라에서 망명한 기자가 과연 강력한 고조선의 법통을 이어받는 게 가능한지 하는 의문으로 귀결된다. 기자조선, 위만조선이 고조선의 법통을 이어받았다면 한사군이 설치되면서 고조선이 멸망했음은 자명해진다. 그러나 위만이 탈취한 기자조선이 고조선 본체를 의미하는 것이 아니라 고조선의 제후국 중 하나였다면, 고조선은 기자와 위만조선이 멸망한 후에도 계속 존재했을 것이다. 기자를 이은 위만은 고조선의 변경 중 변경을 지배하던 망명 집단이었는데, 이것이 마치 고조선의 후기 왕조가 된 것처럼 잘못 전해져 한국사의 큰 줄거리가 왜곡되었다는 것이다.

이 문제는 상식적으로 생각해볼 필요가 있다. 기자가 망명객 또는 유이민流移民 신분으로 은나라의 수도가 있던 허난성 안양을 떠나, 중간에 많은 이민족들이 사는 지역을 경유해 수천 리 떨어진 한반도 압록강 유역에 있던 조선까지 찾아가, 고조선왕의 법통을 이어받는 일이 가능했을까?

그동안 이 문제가 과거 한민족에게 크게 주목받지 않은 것은 기자가 멀고도 먼 한반도까지 찾아와 고조선의 법통을 이어받았다는 것을 감사하게 생각하며, 이를 크게 반겼기 때문이다. 조선왕조에 들어 성리학이 지배 이념이 되자 왕도 정치의 구현과 사대 관계의 유지가 이상적인 정치와 외교로 인식되었으므로, 기자와 같은 중국 현인이 조선왕조와 국호가 같았던 조선(고조선)에 와서 백성을 교화했다는 사실은 대단히 명예스러운 일이었다.

한편, 기자의 한반도 동래東來설은 한 무제가 세운 한사군이 정말로 한반도에 있었는지 하는 의문으로 이어지는데, 일제강점기에 일제가 이를 이용하는 바람에 여러 가지 측면에서 문제점이 노출되었다. 한사군이 한반도 북부에 있었다는 것을 기정사실화하면, 당대의 제국으로 알려진 고조선이 한반도의 작은 영역에 지나지 않았다는 것을 인정하는 셈이 되어버리기 때문이다.

근래의 연구는 색다른 각도에서 이를 해석한다. 백이·숙제의 고죽국을 은나라의 제후국으로 상정하면, 기자가 허난성 안양에서 출발해 고죽국으로 가는 경유지는 이민족이 아닌 우방 국가가 된다는 점이다. 우방이 사는 지역을 통행하는 데는 문제가 없다. 그러므로 기자가 우방 지역을 벗어나서 첫 번째로 당도한 곳을 바로 고조선이라 보는 것이다. 즉 고조선은 대동강이 아닌 고죽국과 국경을 맞댄 곳까지 통치하고 있었다는 뜻이 된다. 이렇게 각도를 달리 보면 기자가 고조선 제국의 중심부로 들어가 법통을 이은 설이 아니라, 고조선제국의 변방에서 터전을 잡았다는 설이 현실성을 갖는다.[4]

그럼에도, 그동안에는 기자가 기자조선을 세우고 이후 위만이 기자조선을 탈취해 위만조선을 세운 후 한나라에 정복당해, 위만조선의 멸망으로 고조선은 명실상부하게 역사에서 사라졌다고 하는 설명이 주를 이루었다. 이것이 '참'이라면 부정하는 것이 능사는 아니다. 그런데 근래의 연구에서는 이 과거의 '참'이 전적으로 부정되고 있다. 역사적 사료는 물론 발굴에 의한 과학적 연구로도 증빙된다. ✸

제
2
장

기자조선을 탈취한 위만

기원전 300여 년경 전국시대에 연燕나라의 장군 진개가 기자조선(고죽국)을 공격해 땅 1,000여 리를 취해[5] 기자조선 세력이 크게 약화된다. 이후 기원전 207년에 진나라가 멸망하고 유방이 한나라를 세운다. 기원전 197년에는 위만이 한나라의 제후국인 연燕에서 기자조선으로 망명해 준왕의 비호를 얻어, 국경지대인 패수(현재의 롼허강) 동부 유역에 봉지封地를 받았다. 위만은 상당히 정치력이 있는 사람으로 추정하는데, 그는 결국 준왕을 몰아내고 위만조선을 세운다. 때는 대체로 기원전 195년 전에서 180년경으로 추정된다. 위만조선은 위만의 손자인 우거왕右渠王 때인 기원전 108년 한나라와의 혈투에서 패하면서 몰락한다. 위만조선衛滿朝鮮의 등장은 기자조선보다도 상당히 후대의 일이므로 많은 자료들이 남아 있다. 위만에 대한 일반적 기록은 다음과 같다.

"연나라 사람 위만(조선족이라고도 추정된다)은 연왕燕王 노관盧綰이 한나라에 반기를 들다 실패하고 흉노匈奴로 도망하자, 휘하의 1,000여 명을 모아 동쪽에 있는 패수를 건너 조선의 준准왕에게 고공지故空地의 수비를 하겠다고 했다. 준왕은 그를 믿고 박사博士(지방 장관직)를 삼아 서쪽 변경 지역 100리의 땅을 분봉했다. 위만은 차츰 진번眞番과 조선 및 연燕·제齊 지역의 망명자들을 복속시키면서 끝내는 준왕을 내몰고 왕검성王儉城에 도읍을 정했다.(기원전 194년) 이후 손자 우거右渠와 태자 장長에 이르러 기원전 109년 한 무제가 좌장군 순체筍彘의 육군 5만과 누선장군樓船將軍 양복楊僕의 수군 7,000명으로 하여금 위만조선을 공격하게 했다. 위만조선은 톈산산맥을 배후로 하고 전방의 패수를 장애물로 삼아 한의 선발 부대를 궤멸시키는 등 상당한 전과를 거두었으나, 결국 기원전 108년 멸망하고 한 무제는 위만조선의 영토에 한사군을 설치했다."[6]

위만은 기원전 180년경, 한나라의 외신外臣이 되어 변방을 방어할 것을 약속하고 그 조건으로 한나라에 군비와 재정적인 원조를 받았다. 서한西漢의 지원을 받은 위만은 고조선 왕국의 서부를 침략해 들어왔으며 지금의 랴오허강 인근까지 차지해 그 영토가 사방 수천 리가 되었다고 한다.

위만조선은 건립 이후 강력한 정복 국가로 부상한다. 『후한서後漢書』「동이전」의 "원삭元朔 1년(기원전 128년) 예군濊君 남려南閭가 우거를 배반하고 28만 명을 데리고 랴오둥으로 갔다"라는 글을 보아도 알 수 있다. 당대에 28만 명이라는 엄청난 인원이 탈출하는 것은 강력한 군국 체제가 아니고서는 불가능하다. 『삼국지』「위지동이전魏志東夷傳」의 "조선상朝鮮相 역계경歷谿卿이 우거에 반해 2,000여 호의 백성을 데리고 진국辰國으로 망명했다"라는 내용은 비록 당대의 정황이 좋지 않아 위만조선을 탈출하는 사람이 증가했다는 것이지만, 위만조선의 국력이 만만치 않았다는 것을 알려준다.

한 무제가 위만조선을 공격한 이유는 비교적 잘 알려져 있다. 위만조선은 건립된 후 상당한 전력을 비축했고 위만조선의 마지막 왕인 우거왕右渠王 때에 이르러서는 더욱 강성해져, 남쪽의 진국辰國을 비롯한 여러 나라가 한나라와 직접 통교通交하는 것을 가로막아 중계무역의 이익을 독점했다.[7] 이러한 세력 확장의 시기에, 위만조선이 한나라와 혈투를 벌이고 있는 흉노匈奴와 연결되는 것을 막기 위해 한漢이 위만조선을 공격했다는 것이다. 그동안 일부 역사계에서는 고조선→기자조선→위만조선 계승에 대해 다음과 같이 설명했다.

"고조선의 법통을 이어받은 기자조선을 위만조선이 탈취한 후 위만조선이 한나라에 멸망되어 그 지역에 한사군이 설치되면서 고조선은 역사에서 사라진다. 이 당시 한사군은 한반도 북부에 설치했다. 추후에 이들 한사군은 궁극적으로 고구려에 의해 축출된다."

사마천의 『사기』는 고조선의 위치에 대해 매우 중요한 근거를 제시한다. 한 무제가 위만조선의 우거를 치기 위해 육·해군을 보냈는데, 사마천은 중국을 통일한 진나라의 영토가 "동쪽은 바다에 이르고 조선에 미쳤다"고 적시했고 진나라와 조선이 국경을 접한 지역을 랴오둥이라고 말했다.

랴오둥은 한국사에 자주 등장한다. 이곳은 중국 영토를 기준으로 가장 동쪽 끝에 있는 지역을 말하는데 오늘날의 극동極東이라는 말과 같은 뜻이다. 현재 랴오닝성 랴오양시(遼陽市) 지역을 흐르는 강을 랴오허강이라고 부르며 랴오허강 서쪽을 랴오시, 동쪽을 랴오둥이라고 한다. 그러므로 사마천의 『사기』만 보더라도 랴오둥 지역을 포함한 한반도에 위만조선이 멸망한 후 한사군이 설치되었다는 것에 의문을 품을 여지가 없다. 특

랴오허강의 모습. 『사기』에서는 랴오둥을 진나라와 조선의 국경 지역이라고 하는데, 랴오둥은
랴오허강의 동쪽이다.

히 일제강점기에 북한의 평양 대동강 유역에서 '낙랑樂浪'이라는
글자가 적힌 유물 등이 발견됨으로써 한반도에서 한사군 위치
에 대한 논란은 사실상 일단락되었다. ✹

제 3 장

현대와 다른 랴오둥의 위치

근래의 많은 연구와 발굴을 토대로 한반도에 한사군이 설치되었다는 설이 한국사의 오류 중 가장 큰 오류로 인식되고 있다. 이는 고조선의 중심지가 랴오닝인지 한반도 북부인지를 가리는 것과는 다른 내용임을 전제로 한다.

기자가 은나라에서 탈출해 조선으로 들어온 것이 사실이라고 해도, 그는 고조선의 중심부로 들어와 고조선을 대체한 것이 아니라 고조선의 변방 중의 변방 지금의 롼허강 유역에 터전을 잡은 것이 틀림없다고 설명된다.

사마천은 한나라가 조선을 공격하는 과정을 "그해 가을에 누선장군 양복을 파견해 제濟 지역에서 발해로 배를 띄워 바다를 건너게 했으며"라고 적었다. 또한 중국의 『수경주水經注』는 "패수는 낙랑 누방현鏤方縣에서 나와 동남쪽으로 임패현臨浿縣을

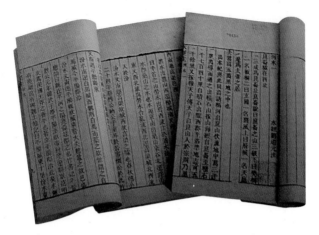

중국 남북조 시대의 지리서 『수경주』에 따르면 한사군은 한반도가 아니라
중국에 있어야 한다.

지나 동쪽으로 바다에 들어간다"고 설명한다. 이 문장에 따르
면, 한사군이 평양 지역에 있었다면 패수가 동쪽으로 바다에 들
어갈 수 없다. 한사군이 한반도가 아니라 중국 지역에 있어야 하
는 것이다.

　더 결정적인 증거는 『사기』에 나오는 랴오둥이 현재의 랴
오둥과 다르다는 것이다. 과거의 랴오둥은 오늘날의 한반도가
아니라 발해의 북쪽으로, 롼허강 하류의 제스산 인근으로 즉 제
스산과 롼허강까지다. 그러므로 고대 랴오둥에 위만조선이 있
었다고 하더라도 이 당시 위만조선이 고조선 전체를 의미하는

것이 아니라는 것은 분명해진다. 이를 기자조선과 연계하면 더욱 이해하기 쉽다.

은나라가 멸망할 당대의 상황을 고려한다면 기자가 고조선에 망명 와서 고조선 본체의 국왕이 된다는 것은 간단한 일이 아니다. 당대의 고조선은 은나라와 버금가는 제후국을 가지고 있는 제국이었는데 유이민 또는 망명자에게 고조선 본체를 송두리째 준다는 것은 상식이 아니다. 이 경우 가장 설득력 있는 대안이 전쟁이지만 기자가 고조선을 공격해 정복하는 것이 가능했는지도 알 수 없고 이에 대한 근거 자료가 전혀 없다. 고조선이 기자에 멸망할 정도라면 대규모 전투가 있어야 하는데 이런 기록이 없다.

반면 기자가 고조선 변방에 유이민 또는 망명자로 들어오자, 이들을 호의적으로 받아들여 그곳에서 고조선 제국의 제후국으로 성장했다는 설이 더 공감하기 쉽다. 즉 위만이 후대에 기자조선을 강탈했지만 이는 고조선의 제후국인 기자조선을 강탈한 것이지 고조선 본체가 아니라는 것이다.

학자들의 연구는 매섭다. 현대는 과거와는 달리 과학으로 무장했으므로 이 당시의 정황을 비교적 설득력 있게 되살리는 데 주저하지 않는다. 이 설에 의하면 은나라가 주나라에 멸망하자 기자는 일족과 함께 동북쪽으로 이동했는데 당시의 연나라의 변방은 지금의 롼허강 서부 연안이다. 학자들은 이때 기자가 자리를 잡은 곳을 고죽국(기자조선)이라 추정하는데, 기원전 300여 년경 전국시대에 연나라의 진개가 기자조선(고죽국)을 공격하자 기자조선은 고조선 왕국의 영역인 롼허강의 동부로 이동한다. 이곳은 고조선의 변방 중 변방으로 그 지명이 조선이었다는 것이다.

이 여파로 고조선도 큰 영향을 받아 수도를 지금의 다링강 중류 동부 연안에 있는 베이전시 인근인 이우뤄산으로 이동한다. 일부 학자들은 이우뤄산을 고조선의 세 번째 수도인 장당경으로 비정하기도 한다. 이들 랴오양 시기는 대체로 기원전 221년경으로 진시황제가 중국을 통일할 무렵으로 추정한다.

이후 위만조선과 한나라가 혈투를 벌여 한 무제가 위만조선을 멸망시키고 한사군을 설치하는데 이들 지역이 낙랑군의 조선현朝鮮縣이 되었다는 것이다. 당시 낙랑군은 지금의 롼허강 하류 동부 연안에 있었고 현이 20여 개나 있는 대단히 큰 군으로, 낙랑군에 속해 있던 여러 현 가운데 조선현은 롼허강 중하류 연안에 있었다. 그 바로 인근은 지금의 허베이성 창리현 제스碣石 지역으로 이곳에는 수성현遂城縣이 있었다. 실제로 위만이 기자조선을 탈취하고 정권을 세운 곳은 바로 조선현 지역이라는 것이다.

그렇다면 고조선의 변방 중 변방의 제후국에 불과한 위만 조선이 멸망한 것이 어떻게 고조선을 점령한 것처럼 와전이 되었느냐는 질문이 생기기 마련이다. 이에는 명쾌한 해답이 준비되어 있다. 명칭상의 혼동 때문이라는 것이다.

고조선 왕국이 기자의 자손에게 봉했던 조선현의 명칭이 조선이라는 이름으로도 사용되었기 때문에, 기자가 고조선의 통치자가 된 것으로 잘못 인식했다는 말이다. 또 베이징 인근의 한사군 중에 낙랑군郡이 있었고, 한반도 내의 평양 지역에 최리崔理의 낙랑국國이 있었는데, 낙랑이라는 지명이 동시에 존재한 것도 혼동을 초래했다고 설명한다.

북한의 자료에 의하면 고조선의 부副수도인 왕검성, 즉 위만조선이 멸망하자 고조선의 여러 나라들이 각자 독립적인 소왕국을 세웠다. 이 중에는 낙랑국(평양을 중심으로 한 서북조선지역)·황룡국黃龍國(고구려의 서남, 압록강 중하류 지역의 일부)·맥국貊國(오늘의 강원도 중부 영서 지방)·예국濊國(오늘의 강원도 북부 지역)·남옥저南沃沮(오늘의 함경남도 지역) 등이 있었다. 낙랑국은 이 당시 가장 큰 나라로 오늘날의 황해남북도, 평안남북도(남부)를 장악하고 있었고 왕은 최 씨였다. 낙랑국의 개창開創은 위만이 멸망한 지 얼마 되지 않은 기원전 1세기로 추정하는데, 기원후 32년 당시 왕의 이름이 최리崔理였으므로 최 씨 왕조라고 부른다.[8] 이 낙랑국과 한사군의 낙랑군은 완전히 다른 곳이다.

뿐만 아니라, 랴오허강과 한반도에 같은 '대방帶方'이라는 지명이 존재했다고 한다. 『삼국사기』, 『삼국유사』에는 조선 반도 중부에 대방국이라는 나라가 있었다고 기록되어 있다. 『속일본기續日本紀』에도 고려(고구려)와 백제 사이에 있는 대방에서 '국읍國邑'을 세웠다는 기록이 있다. 북한은 대방국은 낙랑국에서 분립된 나라로 추정한다.[9]

오늘날 한반도에도 중국과 이름이 같은 지명이 상당수 존재함은 물론이다. 이를 지리와 역사적인 사실을 간과한 채 같은 이름으로 인식해, 한사군이 한반도에 설치된 것으로 부단히 왜곡되었다는 것이다. 이시영 박사와 유승국 박사는 이 내용을 다음과 같이 정리했다.

"기자가 기원전 1100년 전경 조선에 오더라도 기자가 도착해서 비로소 윤리·도덕·법규범 등 문화가 전해진 것은 아니다. 특히 기자가 조선에 정치적 망명을 한 사실이 없다는 데 주목한다. 만에 하나 조선에 왔다고 하더라도 그가 조선에 온 것은 정치적 망명이 아니라 피난·이민단의 일원에 불과하다. 기자는 그의 일족과 함께 동북쪽으로 이동해 연나라의 변방인 지금의 롼허강 서부 연안에 자리 잡았다. 이것이 기자조선(고죽국)으로 기원전 300여 년경 전국시대에 연나라와의 알력으로 진개가 기자국(고죽국)을 공격하자 이들은 고조선 왕국의 영역인 롼허강의 동부로 이동한다. 이곳은 고조선의 변방 중 변방인데 그 지명이 조선이었다. 그러므로 한의 무제가 위만조선을 멸망시키고 한사군을 설치할 때 낙랑군의 조선현이 되었다. 즉 한사군은 지금의 롼허강에서 랴오허강에 이르는 지역에 설치된 것으로, 한반도의 평양 등지에 설치되었다는 것은 사실이 아니다." ✿

제
4
장

위축되는 고조선

앞의 설명은 두 가지 의문을 제기한다. 첫째는 과연 고조선이 그만큼 강력한 제국이었는지 하는 것이고 둘째는 기자조선, 위만조선의 위치에 대한 증거가 있는지다. 여러 가지 정황을 감안할 때 이들 나라의 위치는 롼허강 인근으로 추정되지만 더 확실한 증거가 필요하다.

첫 번째 의문에 대한 답은 근래의 과학적 연구에 따른 것이다. 일반적으로 고조선의 강역江城은 서쪽으로 허베이성 동북부에 있는 지금의 랴오허강부터 북쪽과 동북쪽으로는 어얼구나강(액이고납하額爾古納河)과 헤이룽강(흑룡강黑龍江)에 이르렀고, 남부는 한반도 남쪽 해안까지 이르러 한반도와 만주 전 지역을 차지하고 있었다고 추정한다.[10]

반면에 영남대학교 문화인류학과 교수 이청규는 기하학

무늬 동경銅鏡과 비파형동검이 공통적으로 출토되며 유사한 토기군群이 분포한 랴오허강 서쪽의 다링강 유역에서부터 청천강清川江에 이르는 지역을 고조선의 영역으로 추정한다. 그러나 비파형동검 시기 또는 고조선 전기에, 정쟈와쯔(정가와자鄭家窪子) 유적처럼 유력자의 무덤으로 인정할 만한 무덤의 청동유물군이 한반도에서 발견되지 않았으므로, 고조선 전 지역(한반도 포함)을 하나로 묶는 정치적 공동체가 있었다고 해도 느슨하게 짜인 공동체였을 것이라고 말한다.[11] 북한의 대동강중심설도 랴오둥중심설의 근거가 되는 지역에 부수도가 있었다고 여기므로 고조선 강역은 큰 틀에서 차이가 거의 없다.

놀라운 것은 고조선이 전·후기로 나뉘든 아니든 2,000여 년의 장구한 시기 동안 존속했는데, 강성할 때는 수많은 제후국을 거느렸지만 말기에 이르러 나라의 힘이 쇠약해지자 제후국이 나뉘어 열국列國시대를 이루었다는 설명이다. 고조선이 중국에 결코 떨어지지 않는 열국을 거느린 제국이었다는 말이 다소 생소하다고 느끼는 것은 물론, 너무 국수주의적 주장이 아니냐고 지적하는 사람도 있을 것이다. 그러나 고조선이 강력한 제국이었다는 주장에는 역사적으로 상당한 증거가 있다. 우선 당대의 고조선이 지금 중국의 롼허강부터 홍산 지역과 한반도 대부분을 차지한 광대한 면적을 통치했음을 인식해야 한다.

학자들은 고조선의 2,000여 년 중에서도, 기원전 10세기경 부터 500~600년 동안을 고조선의 전성시대로 생각하는데 고대 의 양쯔강 화이허(회하淮河) 유역에 조선인이 많은 소왕국(제후국) 을 건설했다. 그중에는 서언徐偃이 세워 1,000여 년 동안 지나支那 의 36국(혹은 50여 국)의 조공을 받은 서徐 같은 나라도 있었고, 불 이지국弗離支國 같은 정복 국가도 있었다는 것이다. 불이지국은 사마천의 『사기』에서 이지離支로 기록되는데, 이 나라는 지금의 즈리(직예直隷), 산둥, 산시山西 등 여러 성을 정복하고 발해渤海라는 이름을 주기도 한 나라로, 이들이 고조선 강역 안의 제후국이라 는 설명도 있다.

법학자이자 고대사 연구자인 최태영 박사는 고조선이 관 장한 제후국을 다음과 같이 거명했는데 놀라는 사람이 많을 것 이다. 그는 추追 · 예濊 · 맥貊 · 진번眞番 · 임둔臨屯 · 발發 · 직신稷愼 또는 숙신肅愼 · 양이良夷 · 양주楊洲 · 유兪 · 청구靑丘 · 고구려 · 고 죽孤竹 · 옥저沃沮 · 시라尸羅 · 진辰 등 수십 개의 대 부족을 연맹체 로 통괄하고 있었다고 주장했다. 거명되는 이름을 보고 이들을 어떻게 고조선이 통치할 수 있었느냐고 질문하는 사람도 있을 것이다.

학자들은 고조선이 이 같은 제후국을 일사불란하게 통치 하는 국가 구조로 소읍 · 대읍 · 왕검성으로 형성된 읍제국가邑制

國家, 즉 고대 봉건제 국가를 적용했다고 추정한다. 여기에서 읍邑은 기본적으로 혈연관계로 구성된 씨족 또는 부족을 의미한다. 열국 중에서 부여가 가장 힘이 강해 부여 왕이 단군으로 일컬어진 적도 있으며, 이 혈통이 부여에서 고구려로 이어졌다는 것이다. 이에 따르면 고구려의 시조를 단군으로 인식했다는 말의 진의를 이해할 수 있을 것이다.

그러나 위만조선이 등장할 때 고조선의 위상이 과거와는 매우 달랐다는 점을 이해해야 한다. 고조선 제국의 세력이 약화되자 그동안 고조선의 제후로 만족했던 여러 집단이 열국으로 난립하게 된다. 즉 과거 고조선의 제후들이 각자 왕을 칭한 것이다. 이와 같은 상황 변화는 고조선이 읍제국가 형태였기 때문이다. 즉 국가를 고대 봉건제도로 통치했기 때문으로, 고조선이 모든 지역과 인민을 직접 지배하지 않고 각 지역의 군장들이 간접 지배하고 있었다. 그런데 고조선 본영本營이 이들 군장을 통제할 능력을 상실하자 각 군장들이 스스로 왕으로 행세한 것이다. 그 결과 고조선의 제후였던 부여 · 고구려 · 옥저 · 예맥 · 낙랑국 등 랴오허강 유역과 한반도에 걸친 지역에 많은 국가가 탄생했다.

위만조선이 중국에 멸망하고 한사군이 고조선 변방인 롼허강 유역에 설치되었지만, 부여를 위시한 삼한 등 조선의 열국들은 고조선 영역의 대부분을 그대로 차지하고 있었다. 이는 위만조선과 한나라에 고조선 변방인 서부 지역을 빼앗긴 뒤에도 고조선이 상당한 영역을 확보하고 있었음을 뜻한다.

요약하자면 고조선 제국이 통치력을 상실하자 제국을 구성하던 여러 제후들이 독립된 정치 세력으로 성장해 부여·고구려·옥저·낙랑국·마한·진한·변한 등이 되었다. 그중 부여·고구려·옥저·낙랑국은 원래 고조선 제국의 서부 영역인 지금의 롼허강과 랴오허강 사이에서 고조선 제국을 구성하던 제후들이었다. 위만과 한나라가 고조선의 서부를 침략하자 그 주민의 일부가 동으로 이동하면서 원래 거주지의 명칭을 그대로 사용했는데, 곧 각각 독립한 정치 세력으로 성장한다. 대체로 이 시기를 기원전 2세기 말부터 기원전 1세기 초로 비정한다. 이들 고조선 제후국 중 패자覇者는 부여였는데 이를 고구려가 이어받았고, 고구려 왕족 중 일부가 남하해 한반도 남부에 백제를 건국하고 신라도 건국되어 결국 한국사가 삼국시대로 들어간다는 것이다.[12]

이 설명을 이해한다고 하더라도 고조선이 정말로 그처럼 강대했는가 하는 질문이 제기되는 것은 사실이다. 이에 대한 대답은 다소 추상적일 수밖에 없지만, 언제나 강국이란 선진 무기를 가진 나라다. 이는 현재의 세계 판도를 보면 쉽게 짐작할 수 있다. 첨단 무기를 가지고 있는 이스라엘은 인구가 몇 백만 명에 불과하지만 수억 인구의 아랍 세계를 상대하면서도 큰소리를 치고 있다.

　이 말은, 주변의 모든 부족이 석기를 사용하던 시기에 청동 무기를 가지고 있었다면 그 부족은 다른 부족과는 다른 월등한 군사력을 발휘할 수 있었을 것이란 이야기다. 당시에 청동 무기는 대단한 위력을 자랑했으므로 이를 소유한 부족이나 나라는 주변 지역을 용이하게 정복할 수 있었을 것이다. 비파형동검이나 세형동검으로 무장한 민족이 고조선이라는 거대한 지역에서 강성한 힘을 발휘했으리라는 것은 무리한 추측이 아니다. 동이족인 은나라가 하나라를 멸망시키고 중원을 정복한 것도 청동기의 위용 때문이라 볼 수도 있다. 일반적으로 역사상 최강의 국가를 영유했던 고구려의 광개토대왕과 장수왕시대에 고대 고조선 영토의 거의 전부를 되찾았다고 추정한다. 그 당시의 영토가 얼마나 광대한지 역사 지도를 확인하기 바란다. ✵

기자조선과 위만조선의 증거

기자조선, 위만조선이 오늘날 중국 롼허강 유역의 조그마한 소국에 불과했으며, 고조선을 대체했다는 것은 진실이 아니라는 설명은 우리에게 상당한 위안을 준다. 그러나 이 설명이 신빙성을 얻으려면, 두 번째 의문 즉 기자조선과 위만조선이 있던 장소에 대한 결정적인 증거를 제시해야 한다.

만일 기자조선의 터전이 대동강 유역이 아니라면, 기자조선 즉 고죽국이 어디 위치했는지를 따져야 하는데 이를 확정적으로 단정하는 것은 간단한 일이 아니다. 우선 순舜 임금이 제스산을 경계로 동쪽은 삼한의 땅이라 해서 경계로 삼았다는 기록이 있다. 또한 『수서隋書』에 "고려朝鮮는 본래 고죽국이니 주周가 기자를 봉해 조선이 되었다"고 적혀 있으며 『구당서舊唐書』, 『요사遼史』, 『문헌비고文獻備考』, 『증보增補문헌비고』, 『월정만필月丁漫筆』

등에도 만리장성의 안쪽, 영평_{永平} 땅에 '조선성', '조선현'의 지명이 기록되어 있다. 이 기록들에 따르면 '고려=고죽국=조선(기자)'이 되는데, 그중에서도 학자들이 주목하는 것은 중국의 『한서』에 동쪽으로 제스산을 지나 현도_{玄菟}와 낙랑으로 군_郡을 삼았다는 기록이다.

"제스산은 한나라의 낙랑군 수성현에 있다. 진나라가 쌓은 장성이 동쪽으로 요수를 끊고 이 산에서 일어났다."

이 기록은 기자조선이 최소한 한반도에 근거하지 않았다는 확실한 증거로 제시된다. 기자조선의 존재 유무를 가릴 만한 유물 증거는 그야말로 전혀 예상치 못할 때 제시되었다. 국내에서 기자부정론이 주류를 이루고 있을 때, 놀랍게도 한반도 북부가 아닌 동이족의 근거지에서 기자에 대한 증거가 속속 발견된 것이다.

문화대혁명이 대륙을 강타하고 있던 1973년 3월. 랴오닝성 카줘현 다청쯔(대성자_{大城子})에서 남쪽으로 15킬로미터 떨어진 다링강 유역 남안의 작은 구릉, 바로 구산에서 채석 작업을 벌이던 농부가 자신이 발견한 청동기를 관청에 신고했다.

농부는 지표면에서 불과 30센티미터 밑에 모두 여섯 점의

| '고죽'이라 읽는 가운데 두 글자는 은나라 청동기의 명문에서도 볼 수 있다.

은나라시대 청동기가 질서정연하게 놓여 있었다고 신고했고, 그것은 청동 항아리 한 점과, 청동제 뇌罍(술그릇) 다섯 점이었다. 모두 주둥이가 위를 향해 있었고 제2호 청동 술그릇의 주둥이 안에 이상한 문자 여섯 자가 새겨져 있었다.

이 여섯 자 가운데 3, 4번째 글자는 '고죽孤竹'이라 읽는다. 그런데 이 두 자는 1122년 송나라 휘종이 출간한 『박고도록博古圖錄』과 『상하이 박물관 소장 청동기 부록』(1964년)에 수록된 은나라 청동기 명문에서도 발견된다. 항아리의 무늬와 형태는 갑골이 쏟아진 안양 인쉬 유적에서 나온 은나라 말기의 청동 술그릇과 같았다.

같은 해 5월, 이 교장갱(물건을 임시로 묻어둔 구덩이)을 정리하던 조사단은 최초 출토지 바로 옆 깊이 3.5미터의 구덩이에서 은말주초의 청동기 여섯 점을 또 다시 발견했다. 방정方鼎(사각형 솥), 뇌, 대취발형기帶嘴鉢形器(물 따르는 그릇) 등이 하나의 세트로 일정한 규율을 이루고 있었다. 방정은 높이 52센티미터, 입지름

30.6×40.7센티미터, 다리 높이 19.6센티미터, 무게 31킬로그램이나 되는 매우 큰 것으로 북쪽 내벽에 4행 스물네 자, 바닥 중심에도 네 자의 명문이 새겨져 있었다.

학자들은 이 명문 중에서 '기후箕侯'라는 글자를 확인하고 놀라지 않을 수 없었다. 그들은 두 명문을 근거로 고죽과 기후를 은나라 북방에 자리 잡았던 2개의 상린제후국相隣諸侯國(인접해 있던 제후국)이라고 추정했다. 즉 기후와 고죽명이 있는 청동기 유물이 거의 같은 장소에서 발견되었다는 것은 두 제후국이 시간차를 두고 존재했다는 것을 의미했다.

그러나 중국 학계는 고죽명은 문자 그대로 고죽국으로 보았으나, 기후명 청동기(기후방정箕侯方鼎)를 기자와 연결시키지 않았다. 이들 청동기가 발견된 지점이 랴오닝성 다링강과 그 지류가 서로 만나는 지점의 구릉 위이기 때문이다. 당시 중국 학계의 주류는 당대의 한국 주류 학자들과 마찬가지로 기자가 한반도 대동강까지 건너와 기자조선을 세웠다고 생각했다.

| 기후방정 명문의 탁본.

그러나 중국 학계도 이들 기후명, 고죽명 청동기가 발견된 곳을

| 기후방정이 출토된 구산의 모습. 기후방정은 채석 작업을 하던 농부에 의해서 발견되었다.

기자조선의 근거지라고 비정해야 했다. 이들 청동기가 발견된 위치를 감안할 때 교장갱이 모종의 특수 목적에서 만들어졌다는 것이다. 즉, 지배층이 하늘신 혹은 조상신에게 제사와 같은 의례를 행하고 매장한 예기禮器일 수도 있다는 것이다.[13]

이에 고무되어 한국에서 유물들을 토대로 한 기자조선의 재평가가 이루어졌다. 그 결과, 국내 학자들은 과거 기자의 한반도 동래설은 사료와 유물에 대한 고증이 부족한 상태에서 고조선의 강역을 한반도 북부 대동강 유역으로 한정하고, 기자조선을 고조선을 대체한 국가로 잘못 이해했기 때문에 비롯된 일이라고 지적했다. 따라서 기자가 자리 잡은 곳은 고조선의 서부 변

은의 무정제가 제사를 올릴 때 꿩이 정의 손잡이에 앉자, 이를 불길하게 여겼다는 일화는, 고대에 청동 정이 무척 신성한 집기였음을 일러준다. 사진은 은나라 무정제의 초상.

경인 지금의 롼허강 유역으로 산둥반도의 제스산에서 멀지 않은 곳이라고 설명했다. 기자가 주나라와 결별을 선언한 뒤 그곳에 자리를 잡고 고조선의 거수국巢帥國(중국식으로는 제후국)이 되었다는 것이다.

당대에 청동기는 아무나 사용할 수 없었고 그중에서도 정鼎 (청동 솥)은 매우 중요한 집기였다. 주나라가 은을 멸하고 가장 먼저 한 일이 구정九鼎(천자天子가 도읍에 모신 9개의 정)을 주나라 도읍으로 옮기는 일이었다. 구정은 국가를 상징하는 신비의 보물이다.

은나라의 무정제武丁帝가 성탕成湯(상나라 초대 왕)에게 제사를 올리자 꿩이 날아와 정鼎의 손잡이에 앉아 울었다. 무정제가 불길하게 여기자 신하 조기祖己는 "백성을 위해 열심히 일하라는 뜻"이라고 말했다. 무정제는 이 일을 거울삼아 덕정을 베풀었고, 나라가 흥성했다.

그 뒤로 역대 황제와 왕들은 정권의 정통성을 상징하는 청동 솥을 확보하기 위해 혈투를 벌였다. 진시황은 천하를 평정한 뒤 쓰수이강(사수泗水, 산둥성 취푸[곡부曲阜]에 있는 강)에 빠졌다는 주나라 정을 꺼내기 위해 무려 1,000명을 강 속에 투입했다. 물론 진시황제의 뜻은 이루어지지 않았다. 한나라 신하들도 한 무제에게 "보정寶鼎만은 반드시 조상의 묘당에 모셔야 한다"고 말할 정도로 청동 솥은 신앙의 대상이었다. 이는 이들 청동기가 발견되는 지점이 당대의 중앙 지역이라는 것을 의미한다.

여기서 중요한 것은 은나라를 대표하는 청동기가 한반도 서북 지방에서 발견되지 않는다는 점이다. 반면에 카쭤의 남부 지역과 다링강 유역인 산완쯔(산만자山灣子) · 샤오좐쯔(소전자小轉

子)·샤오보타이거우(소파태구小波汰溝)와 이현(의현義縣)의 사오후 잉쯔(초호영자梢戶罃子) 교장갱 등에서는 발견된다. 특히 베이둥 샤 오좐쯔에서 출토된 청동기 가운데는 은나라의 정통적인 청동기 는 물론, 다링강 연안에서 제작한 것으로 보이는 청동기도 있다. 이는 은나라 유민들이 가지고 간 청동기와 현지인들이 그동안 사용했던 청동기를 서로 접목시켜 제작했다는 것을 뜻한다.

랴오닝성 닝청현 쿤두강(곤도하坤都河) 상류에 있는 난산건 유적에서는 모두 71기의 청동기가 확인되었는데, 전형적인 은 말주초殷末周初의 청동 예기는 물론 토착(고조선) 세력의 청동기도 발견되었다. 여기서는 몇 개의 청동기가 발견되기는 했지만 은 대의 청동기가 하나의 문화유형으로서 일괄 유물로 나온 게 아 니다. 이 말은 은대의 청동 기술이 접목되지 않았다는 것이다.[14]

여기서 나온 청동기는 주로 무기로, 은말주초의 제사 위주 예기와는 상당히 달랐다. 이 무기 중에는 비파형청동단검도 포 함되는데 이들은 큰 틀에서 적석총積石塚(석관묘, 석곽묘 등을 포함) 에서 발견된다. 또 동이의 전통문화의 하나인 복골卜骨도 발견되 었다. 난산건 같은 특별한 예외를 제외하고 예기로 사용된 청동 기를 비롯해 황허 유역 유물이나 갑골문자는 한반도는 물론 고 조선 지역에서도 발견되지 않았는데, 기자가 정말로 고조선의 왕이었다면 당대 중국의 중원이었던 은나라가 중요시하는 청동 예기를 사용하지 않을 수 없다. 유입된 사람들이 청동기를 현장에서 제작한 다른 지역의 사례를 볼 때, 기자가 고조선으로 들어왔다면 당연히 청동 예기를 현장에서 제작했을 것이라는 말이다. 더욱이 은나라의 문자가 도입되지 않은 것도 이상하다는 것이다.[15]

대동강 유역에서 발견된 낙랑 유적에 대해서도 명쾌한 해답이 제시되고 있다. 이덕일 한가람역사문화연구소 소장은 대동강의 낙랑 유물은 고조선을 멸망시킨 전한前漢 때의 것이 아닌 후한後漢 때의 것으로, 이 유물은 후한이 멸망시킨 낙랑국의 것이라고 주장했다. 이 말은 한사군인 낙랑군과 후한시대 대동강 유역의 낙랑국은 전혀 다른 세력이라는 설명이다.[16]

『사기』에 따르면 3인仁의 하나인 기자는 분명히 조선에 봉해졌다고 기록되어 있다. 이는 기자가 승리자인 주나라 무왕을 떠났다는 것을 의미한다. 그렇다면 과연 기자가 주나라의 제후국에 봉해진 것을 감사하게 생각하며 조선으로 떠났을까 하는 문제가 남는다. 선문대학교 석좌교수인 이형구는 이 문제에 매우 흥미로운 가설을 제시했다.

"주나라의 제후국 이름을 보면 한결같이 진·한·위·노·제·송·채 같은 단명單名이다. 그런데 조선朝鮮은 복명이다.

전통적으로 중국에서는 자기 영역 밖의 종족이나 나라에 대해서는 복명을 사용했다. 조선, 선우, 중산, 흉노, 선비, 오환 등을 보면 알 수 있다. 이에 의하면 주나라는 기자와 기자조선을 외국으로 간주했다."

이 말은 중국의 주나라 무왕이 기자를 자신의 제후국으로 봉하지 못했다는 뜻이다. 그렇다면 무왕이 기자를 다른 나라의 왕으로 봉한다는 것은 더더욱 불가능한 일이다. 이덕일은 "기자가 무왕에게 조선의 제후로 봉함을 받았다 할지라도, 무왕의 신하가 아니었다는 『사기』의 기록을 볼 때 조선은 무왕의 지배 아래 있는 나라가 아니었고 기자 역시 광대한 고조선의 일부 지역의 제후에 불과했다"고 설명한다.[17]

『수서隋書』「배구전裴矩傳」에는 "고려(고구려)의 땅은 본래 고죽국이었다. 주나라가 기자를 조선에 봉했다"고 적혀 있다. 이 말은 기자가 은나라 백성들과 함께 험난한 옌산산을 넘어 도착한 곳이 그들의 본향인 고죽국, 바로 조선 땅이라는 설명인데[18] 이들 지역은 당대의 고조선에서 볼 때 변방 중 변방이었다. 근래 많은 학자들이 기자조선에 주목해 이를 중점적으로 연구하고 있으므로 앞으로 많은 정보가 제시될 것이다.[19] ✿

나가는 말

랴오허강 지역의 샤자뎬 하층문화와 대동강 유역의 평양을 놓
고 어디가 고조선의 중심지인지 결론을 함부로 도출하기는 어
려운 일이다. 다만 여기에 매우 놀라운 가설이 있다. 고조선의
초기 중심지는 랴오닝 지역이었으나 후기에는 중국의 세력 확
장에 따라 한반도 서북부 지역으로 이동했다는 논리다. 이 논리
는 1980년대부터 남한 학자들 상당수가 지지하는 것으로, 한민
족의 간판 유물이라고 볼 수 있는 비파형동검, 세형동검, 다뉴세
문경(줄무늬거울), 미송리형토기, 고인돌 등 고고학적 유물과 문
헌의 연구에 의한 것이다.[1]

　　고조선의 중심지를 평양으로 한정하면, 그동안 여러 사료
에서 발견되는 내용과 너무 차이가 난다는 문제점이 제기된다.
『사기』「진시황본기」에서는 중국을 통일한 진나라의 영토가

"동쪽은 바다에 이르고 조선에 미쳤다"고 했고, 진나라와 고조선의 국경이 접한 지역을 랴오둥이라고 말하고 있다.

최근에는 대동강(평양)중심설을 기반으로 해 중심지이동설을 역으로 설명하는 가설도 제시되고 있다. 고조선의 중심지 이동이 있었다는 것을 전제로, 기존 학설처럼 고조선의 근거지가 랴오허강 지역에서 한반도로 넘어온 게 아니라 역으로 한반도에서 동북 지역으로 전래되었다는 것이다.[2] 랴오허강 지역에서 '아사달', '조선'의 명칭을 가진 지명이 세 곳 이상 발견된다는 것이다.

첫째는 『사기』 「조선열전」에 나오는 랴오둥부 '험독'이다. 이곳은 현재 랴오둥 지방의 가이핑현(개평현蓋平縣) 험독을 가르키는데, 서울대학교 명예교수 신용하는 이를 고조선의 두 번째 수도로 비정했다. 둘째는 뉴허량의 '신비의 왕국(여왕국)'이 존재한 차오양으로 이곳에는 바이랑산이 있는데, 다링강의 본 이름이 바이랑수이였다고 하므로 이곳을 아사달로 비정하는 것이다. 셋째는 영평부(현재 베이징 동북 지역)의 '조선현' 즉 롼허강 유역이다. 아사달이 여러 곳에 존재하게 된 것은 고조선의 영토가 확대되었기 때문으로 추정한다.

이 중 가장 연대가 높은 아사달이 고조선의 첫 수도이고, 나머지 세 곳의 고조선 근거지는 부수도 또는 후에 천도한 수도라 가정하면 고조선 수도 설정에 다소 숨통이 터질 수 있다. 신용하는 이 문제의 해결책으로 ①팽이형토기, ②고인돌, ③비파형동검의 분포지어야 한다고 주장한다.

이러한 주장이 상당한 반박을 부르는 것은 고조선의 중심지로 설명되는 곳들조차 완벽하게 증빙되지 않는다는 점이다. 우선 차오양 지역은 비파형단검 등 청동기는 많이 출토되나 팽이형토기와 고인돌이 발견되지 않는 것을 볼 때 고조선의 첫 번째 수도가 되기에는 미흡하다. 영평부도 팽이형토기와 고인돌이 발견되지 않고 비파형동검도 적게 나오는 것을 볼 때, 고조선의 영역이기는 하되 최초의 아사달이라고는 볼 수 없다. 랴오둥의 험독 지방은 고인돌이 발견되고 비파형동검을 비롯한 청동기들이 다량으로 발견되는 것을 감안할 때 대동강과 입지 조건이 유사하다. 그러나 이곳에서도 팽이형토기는 발견되지 않는다.

또 다른 시각은 대동강이 고조선의 첫 번째 수도였고 랴오둥의 험독은 제2기의 수도이며, 다링강 유역의 차오양과 영평부의 조선현은 제3기 고조선의 부수도 또는 부수도급 대도시였거나 후에 천도한 수도라는 설명이다. 즉 고조선이 한반도 한강 유역에서부터 랴오둥·랴오시 지역, 다링강과 롼허강 지역까지 포괄한 거대한 국가로 발전했다는 것이다.[3] 다만 이 설명에 따르면, 연대가 말끔하게 정리되지 않는 난점이 있다.

북한은 평양이 고조선의 근거지라며 나름대로 필요한 자료들을 제시했는데, 중국 동북방에서 고조선 관련 유물들이 계속 발견된다는 것도 문제다. 결국 제시된 타협안은, 당초 고조선은 평양 지역이었지만 랴오허강 지역의 발굴 유물들을 볼 때 평양에서 랴오허강 유역으로 이동이 일어나 이곳이 부수도가 되었다는 것이다.[6]

고조선의 수도 위치는 물론 2,000년에 걸친 장구한 시기의 정확한 면모는, 앞으로 우리가 계속 풀어가야 할 숙제다. 그러기 위해서는, 열린 태도를 가지고 객관적이고 과학적인 정보의 축적을 동반하면서 중지를 모아야 할 것으로 생각한다. 이 책이 이런 목표를 위한 첫 발판을 제시할 수 있다면 큰 의의가 있겠다. 앞으로 연구가 거듭되면 이 책의 내용도 과감하게 수정·보완되리라 생각하는데, 그 시일이 빨라지기를 고대한다.

주

제1부

1 방석종, 「역사 유적과 연계된 땅 이름 연구」, 『땅이름』 제34호(2008)

2 이정훈, 「고조선 심장부를 가다」, 『신동아』, 2008년 4월.

3 고정윤, 「개천절 특집1부, 비밀의 왕국, 고조선」, 역사블로그(http://www. cyworld.com/eunayoon), 2012년 10월 25일.

4 이기환, 「코리안루트를 찾아서(18) 천하를 제패한 동이족」, 『경향신문』, 2008년 2월 1일.

5 왕웨이, 박점옥 옮김, 『손에 잡히는 중국 역사의 수수께끼』(대산, 2001); 「유악(劉鶚)」, 『뉴턴』, 2000년 8월.

6 왕웨이, 박점옥 옮김, 앞의 책.

7 이형구, 『발해 연안에서 찾은 한국 고대문화의 비밀』(김영사, 2004)

8 신형식, 「중국의 동북공정의 허실」, 『백산학보』 제67호(2003); 이기환, 앞의 글.

9 윤내현, 『고조선 연구』(일지사, 1990), 355~357쪽.

10 KBS 역사스페셜 제작팀, 『HD 역사스페셜1-한국사 신화를 깨고 숨을 쉬다』(효형출판, 2006), 83~104쪽.

11 『신동아』 통권 565호(2006), 268~291쪽.

12 朝陽市旅游局, 『朝陽之旅』(中國旅遊出版社, 2005)

13 윤내현, 앞의 책, 355~357쪽.

14 심백강, 『황하에서 한라까지』(참좋은세상, 2007)

15 최태영, 『한국상고사』(유풍출판사, 1990), 20~24쪽.

16 최태영, 앞의 책.

17 고정윤, 「첫 나라 고조선, 수도는 어디였나」, 역사블로그, 2013년 4월 3일.

18 당나라 때 사마정(司馬貞)이 완성한 『사기색은(史記索隱)』은 사마천의 『사기』를 해설하고 분석한 연구서다. 사마정은 『태강지리지(太康地理志)』라는 책을 인용해 "낙랑의 수성현(遂城縣)에는 제스산이 있으니 장성(長城)이 시작되는 곳"이라는 설명을 부연했다. 『태강지리지』는 서진(西晉) 태강(太康, 기원후 280~289) 연간에 완성된 지리서로 지금은 망실되었다.

19 심백강, 『교과서에서 배우지 못한 우리 역사』(바른역사, 2014), 172~189쪽.

20 한국사사전편찬회 엮음, 『한국고중세사사전』(가람기획, 2007)

21 한국사사전편찬회 엮음, 앞의 책.

22 과학백과사전종합출판사 편, 『조선전사』(과학백과사전종합출판사, 1991); 리경일, 「길림성 교하 일대의 요새 유적」, 『조선고고연구』 2003년 1호; 박진욱, 「단군조선의 국가적 성격에 대한 고고학적 고찰」, 『조선고고연구』 1999년 1호.

23 유홍준, 「청동기 주역 '퉁구스 예맥족'이 기원」, 『문화일보』, 2004년 11월 25일.

24 최준식 외, 『유네스코가 보호하는 우리 문화유산 열두 가지』(시공사, 2004)

25 KBS 역사스페셜 제작팀, 『역사스페셜4-북한의 문화유산』(효형출판, 2002), 89~118쪽.

26 성삼제, 『고조선 사라진 역사』(동아일보사, 2006)

27 하문식, 『고조선 지역의 고인돌 연구』(백산자료원, 1999), 32~34쪽.

28 하문식, 앞의 책, 47~48쪽.

29 하문식, 앞의 책, 49~51쪽.

30 이덕일, 『고구려 700년의 수수께끼』(대산출판사, 2000)

31 이종호, 『한국 7대 불가사의』(예담, 2007)

32 윤여덕, 『쟁점으로 푸는 역사 이야기』(심학당, 2006)

33 고정윤, 앞의 글.

34 王冠華 외, 『조양역사』 '중학향토교재'(조양시교위향토교재편찬회, 1993)

35 이기환, 「코리안루트를 찾아서(32) 천자를 칭한 조선」, 『경향신문』, 2008년 5월 23일.

제2부

1 박득준, 『고조선의 력사 개관』(백산자료원, 2000), 73~83쪽.

2 박종진, 「고조선 발자취」, 『주간한국』, 2006년 3월 6일.

3 과학백과사전종합출판사 편, 『조선전사』(과학백과사전종합출판사, 1991)

4 심백강, 『교과서에서 배우지 못한 우리 역사』(바른역사, 2014), 119~125쪽.

5 다물지 200호 기념, 「코리안루트를 찾아서」, 『다물총서』 제5집(2011), 244~250쪽.

6 국방군사연구소 편, 『한민족전쟁통사(I)』(국방군사연구소, 1994)

7 『한국민족문화대백과』(한국학중앙연구원, 2010)

8 박득준, 앞의 책, 183~184쪽.

9 박득준, 앞의 책, 187~192쪽.

10 윤내현, 『고조선 연구』(일지사, 1990)

11 국사편찬위원회, 『한국사3』(국사편찬위원회, 1995)

12 최태영, 『한국상고사』(유풍출판사, 1990), 52~67쪽.

13 이기환, 「코리인루드를 찾아서(22) 고대사의 뇌관을 건드리다」, 『경향신문』, 2007년 3월 15일; 이기환, 「코리안루트를 찾아서」(23) 동이가 낳은 군자들」, 『경향신문』, 2007년 3월 22일.

14 박득준, 앞의 책, 73~83쪽.

15 다물지 200호 기념, 앞의 책, 204~210쪽.

16 박종진, 「살아 숨 쉬는 우리 역사 고조선」, 『주간한국』, 2007년 2월 7일.

17 이덕일 외, 『고조선은 대륙의 지배자였다』(역사의아침, 2006); 박종진, 앞의 글.

18 이기환, 「코리안루트를 찾아서(24) 기자, 본향으로 돌아가다」, 『경향신문』, 2008년 3월 29일.

19 이기환, 「코리안루트를 찾아서(26) 난산건의 비밀」, 『경향신문』, 2008년 4월 11일.

나가는 말

1   고조선사연구회 편, 『고조선의 역사를 찾아서』(학연문화사, 2007)

2   이덕일 외, 『고조선은 대륙의 지배자였다』(역사의아침, 2006)

3   신용하, 「고조선문명권의 형성과 동북아의 아사달 문양」, 『고대에도 한류가 있 었다』(문화체육관광부, 2007)

4   이덕일 외, 앞의 책.

유적으로 보는 우리 역사 ①

고조선

ⓒ 이종호, 2015

초판 1쇄 2015년 10월 16일 찍음
초판 1쇄 2015년 10월 23일 펴냄

지은이 | 이종호
펴낸이 | 이태준
기획·편집 | 박상문, 박지석, 박효주, 김환표
디자인 | 이은혜, 최진영
마케팅 | 박상철
인쇄·제본 | 제일 프린테크

펴낸곳 | 북카라반
출판등록 | 제17-332호 2002년 10월 18일

주소 | (121-839) 서울시 마포구 서교동 392-4 삼양E&R빌딩 2층
전화 | 02-486-0385
팩스 | 02-474-1413
www.inmul.co.kr | cntbooks@gmail.com

ISBN 978-89-91945-81-4 04910
ISBN 978-89-91945-83-8 (세트)
값 12,000원

이 도서의 국립중앙도서관 출판시도서목록(CIP)은 서지정보유통지원시스템 홈페이지
(http://seoji.nl.go.kr)와 국가자료공동목록시스템(http://www.nl.go.kr/kolisnet)에서
이용하실 수 있습니다. (CIP제어번호 : CIP2015027153)